書下ろし

幸せを呼ぶ

家事「時短」の楽しい小ワザ88

本間朝子

祥伝社黄金文庫

はじめに

　私は今でこそ、「知的家事プロデューサー」として、家事を効率化する方法をお伝えする仕事をしていますが、実はもともと家事がとても苦手で、毎日、掃除や洗濯に追われる生活をしていました。

　残業が多い会社に勤めていたため家事をする時間がうまく作れず、シンクに溜《た》まった洗い物を見てはため息、ソファに積まれた洗濯物を見てはため息……、と家にいても、心から休むことができずにいました。

　あるとき、友人や仕事関係者との雑談の中で、家事がつらいと軽く話してみたところ、意外なほど「私も同じ」といった同意の声や、「帰ってすぐ夕食を作らないといけないのがつらい」「夫との家事分担がうまくいかない」といった具体的な悩みが出てきてとても驚きました。このときはじめて、自分以外にも家事に困っている人がたくさんいるのだと知り、どうにかできないものかと考えはじめました。

そこで、自分自身も本当に困っているし、家事に悩んでいる他の人の役にも立つならと、家事を効率化するアイデアを少しずつ考えることにしたのです。

まずは、自分のやっている家事の方法を書き出し、ビジネスや建築などから効率化する考え方を取り入れて、家事のやり方を変えていきました。そしてそれに合わせて自宅もどんどん改良しました。私はこれをはじめた当時、賃貸住宅に住んでいましたので、自宅の改良には大きな制約がありました。でも、「制約の中でこそ、いいアイデアが生まれるはず！」と信じて、家具の配置や、便利グッズなどを最大限に活用し、工夫していきました。

そうしていくうちに、家事にかかる時間や負担は大きく減り、次第に好きなことをする時間が増え、疲れやすかった体も回復し、家ではいつも笑顔で過ごせるようになっていきました。

そして、これらのアイデアがある程度まとまった時点で、少人数のセミナーを開催しお伝えさせていただくようになりました。

すると、聞きにきてくださった方々から、「もっと早く知っていればあのときあんなに悩まずにすんだのに」や「家事がスムースになって余裕ができた」「家

はじめに

庭円満になった」といった声をいただけるようになり、本当に嬉《うれ》しい気持ちになりました。本書のタイトルに「幸せを呼ぶ」と付けたのは、私自身が以前より心にゆとりができ、少し幸せになれた気がするだけでなく、みなさんからも「日常がハッピーになった」という嬉しいお声をいただけたからなのです。

そしてその後に時短家事ブームが起こり、私の「知的家事」の考え方をメディアなどで取り上げていただく機会が増え、今では、テレビや雑誌、講演などさまざまな場所で家事を効率化する方法をお話しさせていただいています。

この本では、私が家事を時短するのに大切と考えている大きな三つの考え方、

●家事のしやすい環境を作る
●工程や道具を見直す
●分担しやすい仕組みを作る

を読みやすいように小さく分けて、2ページ程度に短くまとめてお伝えしています。どこから読んで、どれから取り入れてもいいようになっています。中には、最初に少し手間のかかる方法もありますが、一度やってしまえば、あとはず

っとラクになるので、是非取り入れていただけたらと思います。

巻末には、本文で紹介した便利な家事グッズの詳細を見たり、購入できるよう、QRコードをつけました。買い物時間の短縮になれば幸いです。

時間や気持ちに余裕があるときは、のんびりとお料理を作ったり、丁寧にアイロンがけしたりすることも生活の楽しみのひとつですが、時間や気持ちに余裕がなくて困っているときには、ぜひ家事の効率化に取り組んで、やりたいことをする時間を生み出したり、疲れた体を休めていただけたらと思います。

この本でご紹介している家事のアイデアによって、家事に困っている方やご家族が笑顔で過ごせるようになることを心から願っています。

2014年3月吉日

本間《ほんま》朝子《あさこ》

「知的家事」とは？

知的家事とは、これまでの家事の考え方ややり方を見直して、効率アップすることをコンセプトに考えた家事です。

●家事の「時短」に大切な 3つの考え方

①家事のしやすい環境を作る
②工程や道具を見直す
③分担しやすい仕組みを作る

本書では、この3つの考え方を
読みやすいように2ページ程度に短くまとめてお伝えします。
どこから読んでも、どこから取り入れてもOKです。
皆さんの毎日が楽しくなりますように。

①家事のしやすい環境を作る

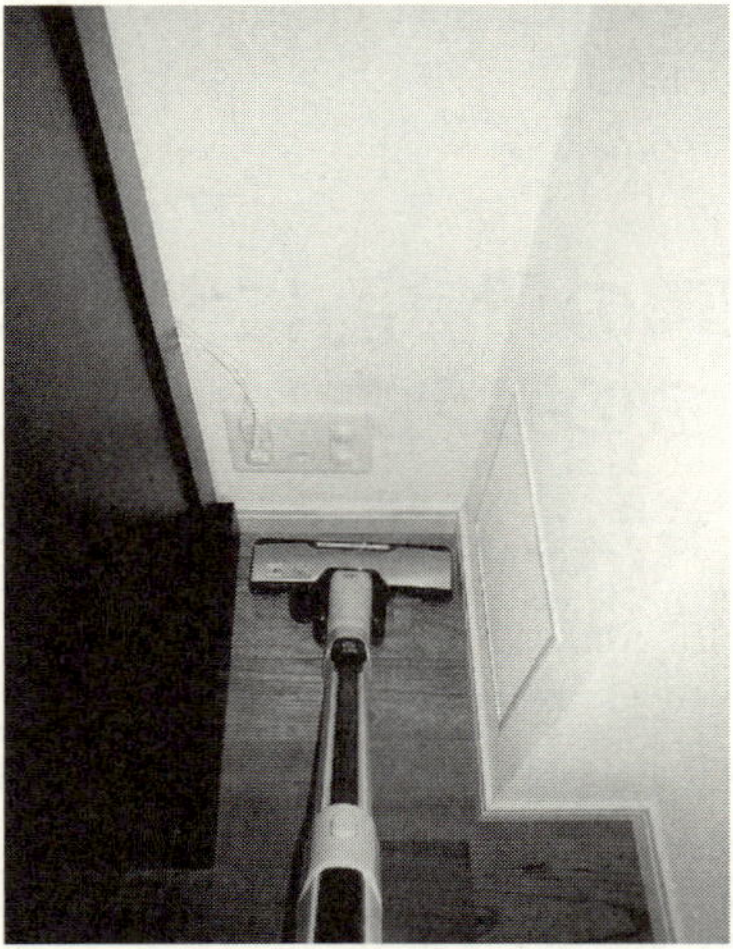

家具は掃除機のヘッドの大きさに合わせて配置。隙間もスムースに掃除できる。

②工程や道具を見直す

ふきんはシワになっても良いので、たたまず紙袋に投げ込むだけの収納に。棚にぴったり合う収納器具がない場合は、形を変えられ処分も楽な紙袋やエコバッグを活用。

③分担しやすい仕組みを作る

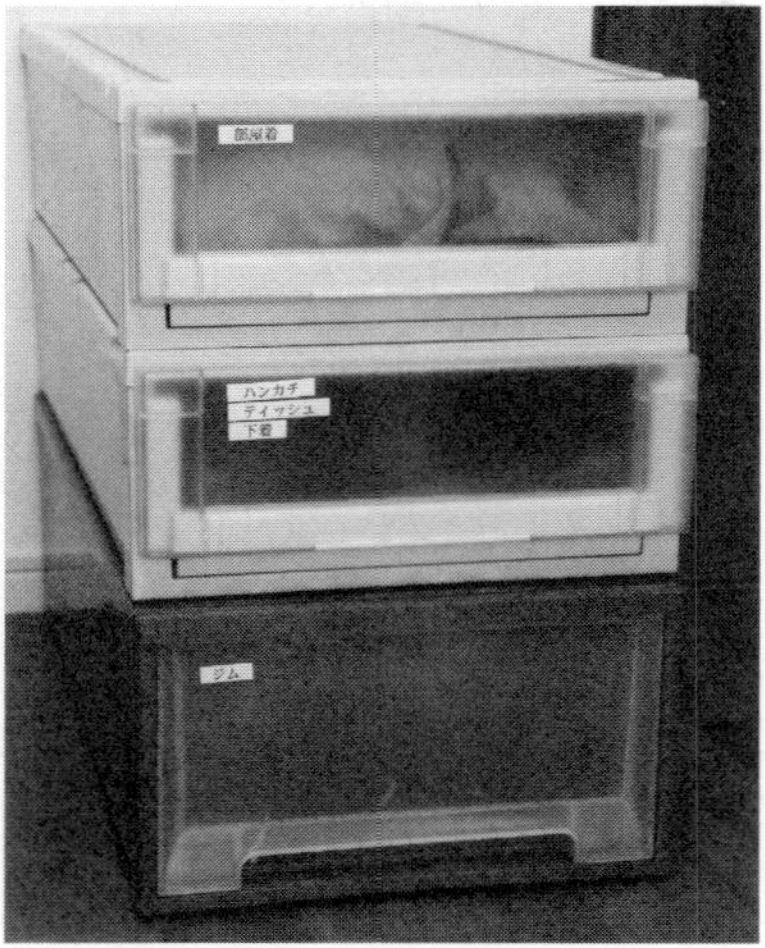

衣類の引き出しにはラベルをつけて、どこに何をしまえばよいか分かるようにしてある。

家事「時短」の楽しい小ワザ88　目次

2章 洗濯編

3章 掃除編

5章 その他編

●装幀　FROG KING STUDIO ●イラスト　落合恵
●写真　近藤陽介／著者（P. 64、68、92、102、129）

1章 収納編

家事の時短は、収納から。

「取り出しやすく、管理しやすい」

仕組みを作ろう！

収納1ワザ

ストックは「＋1」を原則にして収納スッキリ！

整理の手間いらず

時短5min

足りなくても、多すぎても困る、調味料などの「ストック」。足りないと作業ができないし、多いと余計なスペースが取られてしまいます。

そこで、おすすめなのは、**「現在使っているもの＋1個（1セット）」**をストックする方法です。

①調味料は、「現在、使いかけ」のもののほかに、未開封のものが1本（＋1）常にある状態にします。

②そして「使いかけ」を使い終わったら、ストックを開封して、それと同時に、買い物リストにそれを書いておきます。

③買い物に行ったら、リストに書かれた調味料をストックとして1本購入しま

す。これでまた、「＋1」個の状態に戻ります。

このサイクルが守られると、「あれ？　醤油《しょうゆ》は何本あったっけ？」「トイレットペーパーが安いけど、ストックを置いておくスペースはあるかな……」などとストックのために頭を使うことがなくなるので、気持ちにも余裕が生まれます。

ストックが増えると余計なスペースが取られ、整理整頓《せいりせいとん》や掃除に時間を取られます。なので、特売のときでも、**「＋1」**を守り、余計な買い物はしません。お家にもお財布にも優しいシステムですよ。

2

収納ワザ

ものは家に入れたときのことを想像して買う・もらう

好きな本が読める

時短30min

不要なものは家に置かない――。これは、時短ポイントのひとつです。

しかし、ポケットティッシュひとつでも、キーホルダーひとつでも、物を捨てるという行為には罪悪感がつきまといます。「捨てるのは苦手」「何かに使えるのではないか、と思ってしまう」という人も多いですよね。

家に物を「入れる」のは簡単ですが、「出す」のは、その何倍も難しいことです。

たいていの人は、家に物を入れるときに、あまり深く考えずに持ち込んでしまいます。道を歩いているときに試供品を配っていたら、あまり考えずにもらってしまいますよね。また、店でセールをしていたら、つい買ってしまうことって、ありますよね。

でも、それは本当に必要でしょうか？

手間をかけずにきれいな家を手に入れるには、必要のないものは「最初から家に持ちこまない」のが一番。

手にする前に、家に入れたときのことを想像してみましょう。すぐに使うのなら問題はありませんが、結局、使わないなぁ、と思ったら、絶対に手にしないことです。

実はこれ、意識していないと意外とできないんですよ。人間って、「お得」とか「無料」に弱いですからね。でものちのち悩みの種になるのなら、手にしないほうが、けっきょく「お得」なんです。

「物を手に入れるときには、家に入れたときのことを想像する」習慣を徹底するだけで、大きな時短につながります。

3 収納ワザ

持ち込んだものには出口を作る

チリも積もれば

時短 1 min

家事を時短するには、家に不要なものを入れないことが大切、と前の項で述べましたが、そうと分かっていても、洗剤や化粧品についてくるサンプル品や、家族が持ち帰ってしまった景品などがいつの間にか溜《た》まっていることがあります。これもなかなか捨てにくいですよね。

でも、いつまでも家に入れたままにしておくと、場所ふさぎになり、動線も悪くなってしまいます。もし捨てるのが苦手なら、そういったものには、ちゃんと使える〝出口〟を作ってあげましょう。

●ポケットティッシュ

ポケットティッシュは溜め込まず、すぐ使える状態にします。まずビニールから出し、100円ショップなどで売っている専用のティッシュボックスや空き箱などに入れます。毎朝のお化粧のときに口紅のティッシュオフに使ったり、排水の掃除などにも便利です。

●美容系のサンプル品

使いきりサイズのシャンプーは、トイレや浴室の掃除に使えます。化粧水サンプルは風呂上がりのボディーに使ったり、ティッシュに含ませて鏡を拭《ふ》くと、曇り防止にもなります。クレンジングオイルは、メイクのスポンジ洗いや頭皮の皮脂除去などにも使えます。

●ダイレクトメール

玄関に、ハサミとゴミ箱を用意しておいて、届いたその場で処理します。

今後もずっと不要なＤＭは、「受取拒否」と書いた紙を署名して貼りつけ、ポストに投函《とうかん》すると、差出人に送り返されますよ。

4

収納ワザ キッチンの収納を攻略する

コーヒーが飲める 時短5min

収納の基本は、**「頻繁《ひんぱん》に使うものは、出し入れしやすい位置にしまう」**こと。いちいちかがんだり、背伸びせずに物をスムースに取り出せれば、家事の効率は格段にアップします。

出し入れしやすい位置とは、立った状態で動かずに手が届く範囲のことです。キッチンに立って両手を上下左右に伸ばし、円を描くようにしてみましょう。この円の中が、出し入れしやすい位置なんですね。よく使うものは、この範囲に置けると、驚くほど家事が楽になります。

しかし、一般的なキッチンは、流し台の下にメインの収納スペースがあるため、そこから物を取り出すときにはかがまないと出し入れができません。そのため、少しでも出し入れしやすくするための工夫が必要です。

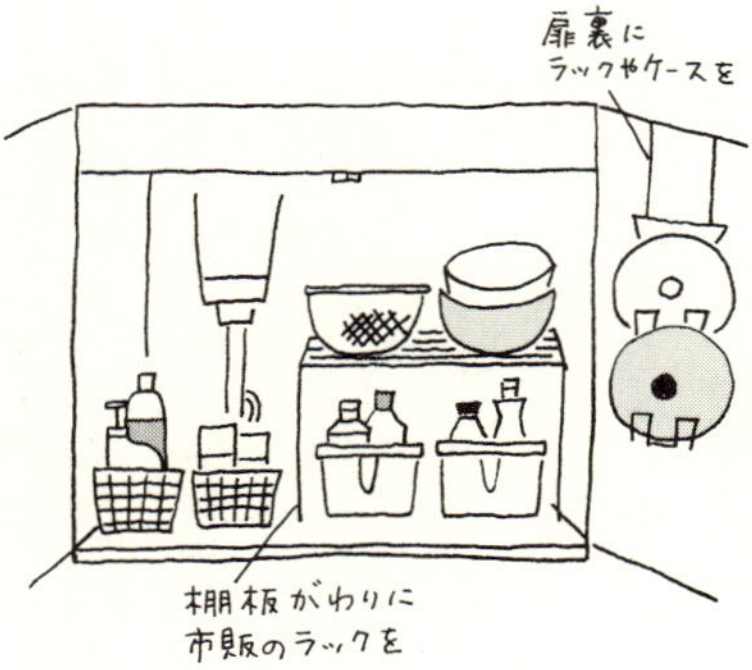

開き戸タイプは上部の活用がカギ

上部と奥の空間を活用するために、市販のラックを使って仕切りを。扉裏にもラックやケースを付けて有効活用しましょう。

キッチンには、開き戸タイプと引き出しタイプがありますが、それぞれのメリットとデメリットを踏まえながらコツをお教えしましょう。

①開き戸（観音開き）タイプ

開き戸のいいところは「扉の裏側が活用できる」という点です。扉の裏側はあまりかがまなくても、すぐ出し入れができる場所。

ここに、鍋《なべ》ふた用ラックを下げて、よく使う鍋のふたを取り出しやすく収納したり、袋状のケースを取り付けて、排水ネットやゴミ袋などを収納したり、さまざまな使い方ができます。買

このタイプの収納の難しさは、何も工夫しないと、上と奥の空間の活用ができないという点です。そのままだと、上部はただ空いているだけの無意味な空間になりますし、奥は見づらいので、物が取り出しにくく、だんだん使われなくなってしまいます。

せっかくの広い空間も、そのままでは非効率。開き戸タイプの収納には、まず「棚板」を入れて上下を区切りましょう。それだけで上部が有効に活用できるようになります。自分でDIYをするのは大変なので、棚板で空間が区切れる、市販のラックを活用しましょう。買

使いづらい奥は、奥行きのあるカゴ類を使うことで有効活用できるようにします。引き出しのようにカゴを引き出せば、奥に入れたものも一覧でき、出し入れが簡単にできます。

②引き出しタイプ

奥のものもすぐに取り出せる引き出しタイプ。デッドスペースが少ないことが

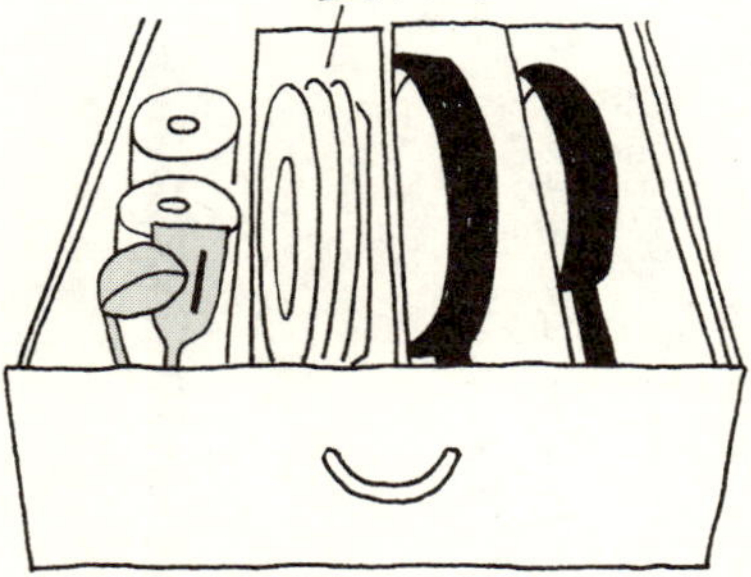

引き出しタイプは立てて収納

ファイルボックスを並べて、そこに立たせるように収納すると見やすく、出し入れもスムースに。

メリットではありますが、皿や鍋などの高さのないものを平積みしていくと、下のものが取り出しづらくなるのが難点です。

フライパンや片手鍋、鍋のふたなどを収納するときには、ファイルボックスを並べて、そこに立たせるように収納しましょう。そうすると、かがまなくても取り出せるようになり、出し入れもスムースになります。何が入っているのか、ひと目で分かるという点でも便利です。

5 収納ワザ

違う食器は重ねない

イライラが減る

時短 3 min

食器の出し入れがスムースにできないとストレスですよね。

上にのせた食器を持ち上げて下のお皿を取ったり、奥の食器を取るために手前に置かれた食器を取り出したり……。急いでいると、うっかり手が滑ってガチャン、なんてことも。でも、収納のポイントをおさえれば、グッと使いやすくなるんですよ。

①重ねる食器は1種類にする

重ねるのは、同じ食器だけにしましょう。これならワンアクションで出し入れができます。重ねた食器の並べ方を工夫してさらに時短につなげるためには、次の項目を参考にしてみてください（33ページ）。

ストレスゼロ！
食器の収納

同じ種類の食器だけを重ねてしまっておけば取り出しやすい。わが家は引き出しタイプなので、手前によく使う食器を並べています。

②重ねられない食器は、一列に並べる

マグカップなど、重ねられない食器は、同じデザインのものを手前から奥へと一列に並べます。これなら奥から無理に取り出すようなことになりません。

③奥が見えるように収納する

奥のほうは見えにくいので、なにを置いたか忘れてしまいがち。棚板と棚板の間を広めに調整して、食器の上部に空間をつくりましょう。そうすると奥までよく見えますし、広さによっては、上から手を伸ばして奥の食器を取り出すこともできます。

食器を取り出しやすく工夫して時短につなげるためには、少しゆったりめに収納するのがポイントです。もし、そうすることで食器が収納しきれなくなりそうなら、いま持っている食器が本当に必要か見直してみてください。収納スペースを決めてから食器を見直すと、不要な食器が案外たくさんあることに気がつきますよ。

6
収納ワザ
頻繁に使う食器は、棚の片側に寄せる

ググッとラクに
時短 1 min

引き戸式や観音扉の食器棚を使っていると、右の扉を開けてコップを、左の扉を開けてお皿を、というように、取り出すのに何度も開閉して余計な時間がかかります。これは、収納にひと工夫が必要です。

まずは、今現在、棚に入った食器がどう分類されて置かれているのか見てみましょう。おそらく、汁椀《しるわん》、飯椀、平皿、鉢《はち》というように、種類別にだけ収納されていて、食器同士の並び順に秩序を持たせていないのではありませんか？　実は、これが使いにくさの原因です。

食器は「種類別」ではなく、**「使う場面別」**に分類して収納してみましょう。

たとえば、朝食用の食器（プレートやマグカップ、ヨーグルトや納豆用の食器など）、夕食用の食器（大皿や盛鉢、刺し身皿など）、おやつ用の食器、晩酌用の

食器、お客様用の食器などなど。

そして、よく使う順番に、開けやすい場所にまとめて置きます。例えば、開けやすい右側（左利きの方は左側）には時間がない中で作る朝食用の食器を置き、少し取り出しにくい左側（左利きの方は右側）にはお客様用の食器を置く、というように。そうすると、扉を1回開けただけで、必要な食器がスピーディーに取り出せ、しまうときも片側だけ開ければよくなります。この片方に寄せるという考え方は、観音開きタイプの冷蔵庫でも同じです。よく使うものは片方の扉を開いて取り出せる場所に寄せて収納するようにしましょう。

「よく使うものは近くに置く」という考え方は、いろいろな場面で応用できます。キッチンと食器棚が離れている場合には、よく使う食器一式をカゴに入れて、キッチンに置いておくのも手です。

引き戸
取手が遠い
向かって行くときに手前になる扉が開きやすい

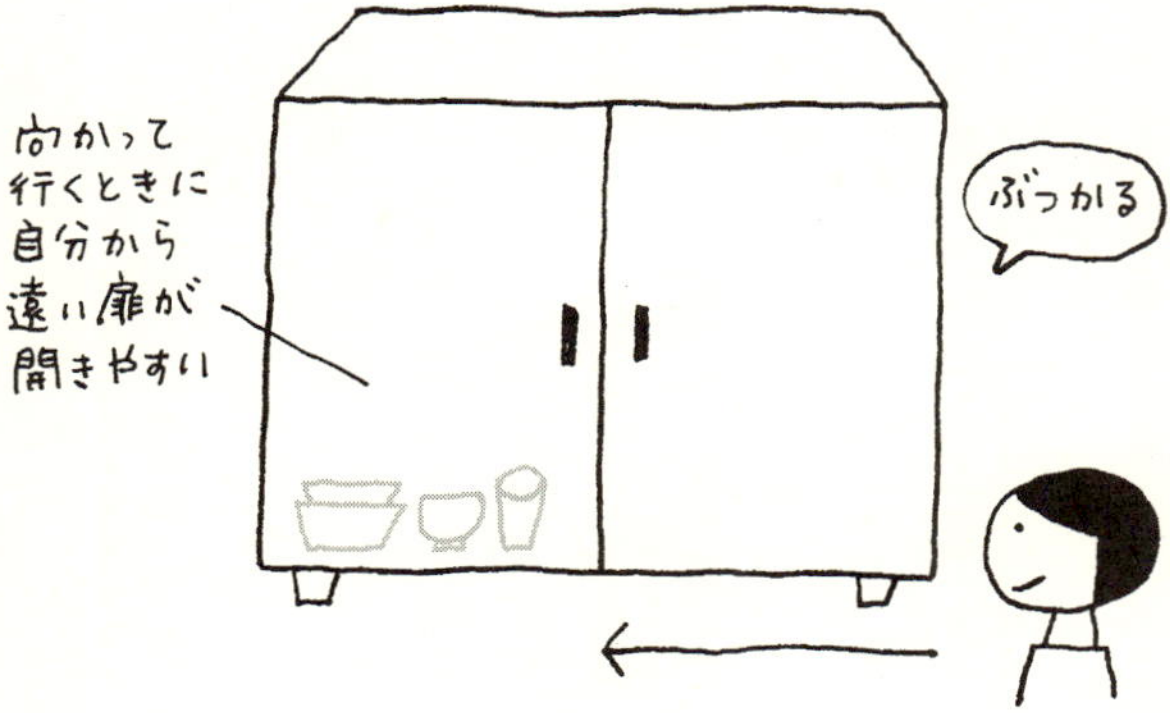
向かって行くときに自分から遠い扉が開きやすい
ぶつかる

7

収納ワザ 押入れのふすまをカーテンにする

イライラが減る

時短 3 min

押入れなどの引き戸タイプの収納のデメリットは、片側ずつしか開けられないということ。両端に取り出したいものがある場合は、左右のふすまを交互に開けなければならず、余計な時間がかかります。また、引き戸タイプは、真ん中に置いたものが取り出しづらいのも困った点。横にずらしてから取るなど手間がかかります。それに掃除機をかけるときもふすまは邪魔ですよね。

物はできるだけワンアクションで取れるようにするのがスピードアップのポイント。そのためには、ふすまを思い切ってカーテンに替えてしまってはどうでしょう。

やりかたは、ふすまをはずし、市販のカーテンレールを取り付けてカーテンを下げるだけ。意外と簡単なんです。通常のカーテンレールを取り付けるのが難しい場合は、突っ張り棒タイプのカーテンレールを使いましょう。

カーテンに替えると、ふすまを移動させずに押入れの掃除機がけが一気にできて楽になるというメリットも。さらに、押入れに湿気がこもりづらくなり、カビなどの予防になります。

はずしたふすまは、ベッドの下や本棚などの家具の裏などに収納しておきます。立てかけて収納する場合、反ってしまうことがあるので、できれば横にして保管するのがおすすめです。

収納ワザ 8
グルーピングで物の出し入れを時短する

心にゆとりが
時短 3 min

収納には、「**グルーピング**」という考え方があります。ひとつの作業をする複数のものを、ひとつにまとめて収納するという方法です。

たとえば、スパゲッティー料理を作るとき。スパゲッティー、トマト缶、レトルトのパスタソースなど、調理に使うものが別々に置いてあると、それぞれを取り出すのに時間がかかります。でも、ひとつのカゴに「パスタセット」としてまとめてあれば、取り出すのも簡単です。

また、片づけるときにも、カゴに入れてサッとしまえば終了。別々に収納すると、しまうのが億劫《おっくう》になり、散らかる原因にもなるのです。

「料理」の章でくわしく紹介しますが（168ページ）、我が家では食事のときに必要なものをひとつのカゴに入れて「カトラリーセット」を作り、カゴのまま

収納はグルーピングで

ひとつのカゴによく一緒に使うものをまとめて収納すれば時短に。食材以外にも応用できます。

テーブルに出しています。そうすれば、それぞれを取り出す手間が省けますし、食事が始まってから「スプーンがない」「醤油の小皿がない」と取りに行くこともなくなります。

それ以外にも、急須と茶葉とお茶菓子をセットにした「お茶セット」や、お弁当箱、箸、アルミカップ、保温袋、ピック、ふりかけなどをセットにした「お弁当セット」など、グルーピングの仕方はさまざまです。

これはよく一緒に使うなぁという道具があれば、グルーピングできないか、ぜひ考えてみてくださいね。

9

収納ワザ 冷蔵庫を攻略する

見た目もスッキリ

時短 1 min

グルーピングの考え方を具体的に応用したテクニックを紹介します。

冷蔵庫に食材を入れるときは、カテゴリごとにカゴに入れたかたちで収納するようにしましょう。カゴに入れることによって、奥のものも一緒に引き出せるので、出し入れが簡単になりますし、冷蔵庫の掃除をするときも、カゴごとサッと取り出すだけ。すぐに拭けて時短になるうえ、清潔です。足りないものもすぐ分かりますし、栄養の偏《かたよ》りのチェックにもなりますよ。

■冷蔵庫への入れ方

「ビールなどの缶飲料」「小麦粉などの粉物」「和風朝食セット（佃煮《つくだに》、のり、納豆など）」「洋風朝食セット（ジャムやパンに付けるソースなど）」「残ったおかず」

「賞味期限が近いもの」などに分け、それぞれをカゴに入れてから冷蔵庫に入れます。

■野菜室への入れ方

「使いかけで余ったもの」「葉物野菜」「根菜」「フルーツ」などに分けて、それぞれをカゴに入れて収納します。

■冷凍室への入れ方

「魚系」「肉系」「野菜系」「パン系」などに分けて収納します。

10 収納ワザ

リビングの置きっぱなしをなくす

掃除もラクチンに
時短5min

リビングの床に、雑誌や新聞が散らばっていたり、ダイニングテーブルに、物がゴチャゴチャ置かれていると、掃除や食事の邪魔になります。散らかったままになってしまうのは、片づく仕組みがないからです。

いつも整頓された状態にするためには、片づけやすい仕組みを作ることが大切です。

まずは散らかっているものを見て、左の項目をチェックしてみましょう。

□定位置（しまう場所）が決めてある（決まっていないものはしまえません）
□使う場所のすぐそばに収納場所がある（収納場所が遠いと戻せません）
□収納場所から0～1アクションで手軽に出し入れができる（出し入れに手間

がかかると、他の場所に置いてしまいます）

□収納場所は定量を守っている（いっぱいで入らなければ他の場所に置きます）

□毎日時間を決めて片づけている（散らかしたものはその日中に片づけます。片づけてから食事、片づけてから就寝などを2～3分でいいので毎日の習慣にしましょう）

①本・雑誌・新聞

本や雑誌が散らかるのは、読みかけのものを置く場所がなかったり、読み終わったものが片づけにくい環境だから。**薄いトレイを用意して、読みかけを置く「一時置き場」を作ったり、読む場所のそばに簡単に出し入れできる収納スペースを作ります。**毎日寝るときには本来の収納場所に戻すようにしましょう。

収納する量はあらかじめ決めておき、それ以上増やさないように管理します（本なら決めたスペースに入る冊数まで、雑誌なら1年分までなど）。

リビングに「一時置き場」を

出したものや読んだ雑誌を一時的に置いておくトレイをリビングに用意し、寝る前に元の場所に戻せば散らかりません。

②文房具や薬、アクセサリーなど

こまごましたものですが、ひとつひとつにきちんと置き場所を作りましょう。よく一緒に使うものなら、あらかじめカゴにまとめておき、カゴごと出し入れすると片づけが簡単になります。たとえば、勉強に使うノートや文房具をまとめたカゴ、毎日使う薬類をまとめたカゴ、など。

ちなみに出し入れしやすいと感じる場所は人によって違うので、定位置は家族で相談して決めましょう。一度決めても、使いづらいと感じたらどんどん変えていきます。

11 収納ワザ

靴箱を整理してスッキリ玄関に

お出かけも楽しく

時短 1 min

靴箱に靴が入らないと、玄関に靴が出しっぱなしになります。動線が悪くなり、玄関掃除にも余計な時間がかかってしまいます。まずは靴箱の収納を見なおして、玄関を動きやすく、掃除もしやすい状態にしましょう。

履《は》かない靴が靴箱を占領していないか、まずは現状をチェック！

「足に合わない」「履きつぶしていて状態が良くない」など、不要な靴があれば思い切って手放しましょう。高価だったから捨てにくいものも、この際思い切って処分します。

そして、使用頻度が高いものを出し入れしやすい中段に入れ、使用頻度の低い靴は手が届きにくい下段や上段に収納します。

靴以外のものでなんとなく入れているものも合わせてチェック。靴磨きクリーム、ブラシ、防水スプレー、傘など、不要なものを減らすだけでスペースは生まれます。

次に、靴の高さに合わせて棚板の位置を調整しましょう。棚板の位置を少しずつ詰めると、段数を増やせることがあります。棚板を増やす作業が難しい場合は、食器ラックで高さを区切ったり、突っ張り棒を2本渡して靴をのせることで棚板の代わりにすることができます。

よく使う靴は左右を横に並べて収納するのが取り出しやすくてベストですが、もう少し収納量を増やしたい場合は、いくつか方法があります。

●かかとの位置をずらすと、横幅が少し詰められます。
●靴を縦に重ねて収納できる靴ホルダーを使うと、一段の収納量が倍増します。㊫
●子供の靴は靴箱の棚に置かず、扉の裏や靴箱の側面などにフックを付けて、かかとを引っ掛けて収納します。

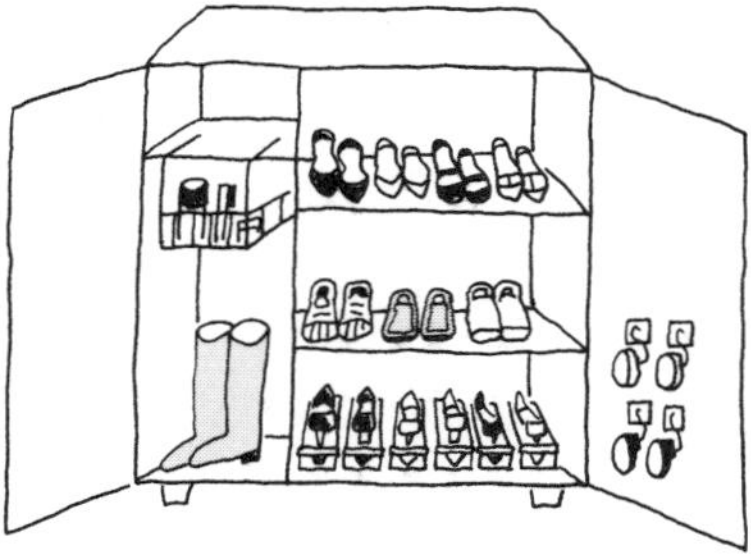

靴箱の機能性を高める収納

使用頻度の高い靴は取り出しやすい場所に、そうでない靴は手が届きにくい場所にしまい、収納テクを使って収納量を上げます。

●ブーツは、ロングブーツの高さに棚板を調整し、ショートブーツの上にできた空間には、ハンギングラックを使って靴のお手入れグッズなどを入れます。

それでも靴が入らない場合は、靴箱にこだわらず、玄関のたたきに小さなシューズラックを置いて、毎日履く靴はこのラックに置くようにしましょう。玄関に置かれていても、1カ所にまとまっていれば動線の邪魔にはならないし、掃除のときもラックを持ち上げるだけで済みます。

12 収納ワザ

宅配の応対を時短する

日常をスムースに

時短 10 sec

宅配便などが届いたとき、サインをするために玄関の靴箱の上などにペンホルダーを置いてある家庭は多いですよね。でも、これも掃除の邪魔になります。

そこで、玄関のドアにマグネット付きのクリップを貼り、ペンをのせたり、挟《はさ》んでおく方法はいかがでしょうか？　印鑑も玄関に置きたい場合は、シャチハタ印付きのネームペンを選べばOK。マグネットが付かないドアの場合は、靴箱などにフックを付け、ボールチェーンの付いたペン（キャラクターものによくあります）を吊り下げても。

玄関にペンがあると、出欠確認のハガキなどにもすぐ書き込めて、返信もスムース。帰宅時に気づいた回覧板も、靴を脱がずにすぐ回せますよ。

玄関にペンを置いておく

マグネット付きのクリップにのせてペンを置けば宅配や回覧板などへの対応もスムースに。マグネットが付かないドアではフックを靴箱などに取り付けても。

13 収納ワザ

衣替えは前後入れ替えで簡単に済ませる

管理がグッとラクに

時短30min

毎年、時間や手間をかけて行なう「衣替え」。でも、収納方法を工夫すれば、グッとラクに衣替えができるんですよ。「ワンタッチの入れ替え」式に整備しておけば、短時間で完了です。

①上下や前後を入れ替えるだけにする

タンスやクローゼットの取り出しやすい場所にはオンシーズンの衣類、取り出しづらい場所にはオフシーズンの衣類を収納すると、大きな移動をせずに入れ替えができて時短になります。

背の高いタンスは、下側（取り出しやすい位置）にはオンシーズンの衣類を、上側（取り出しにくい場所）にはオフシーズンの衣類を収納しておき、上下の引

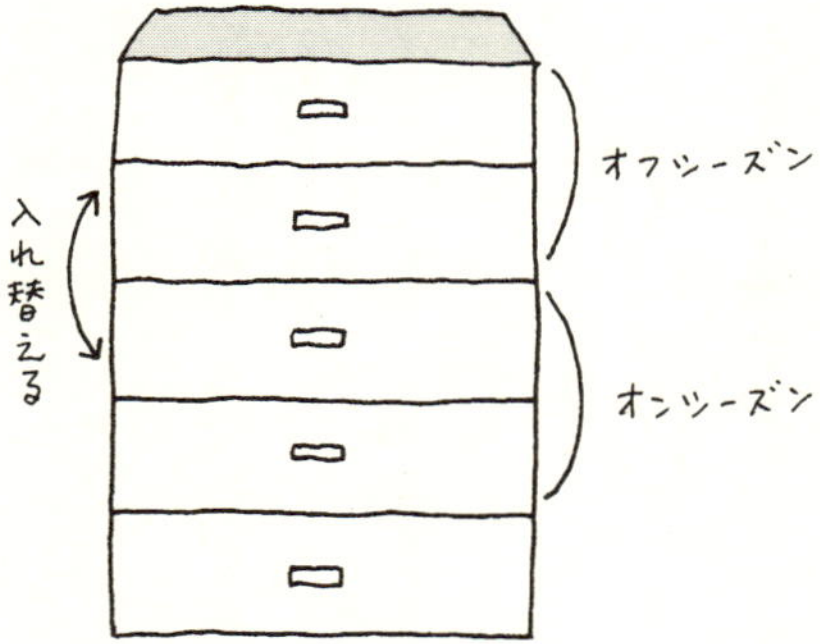

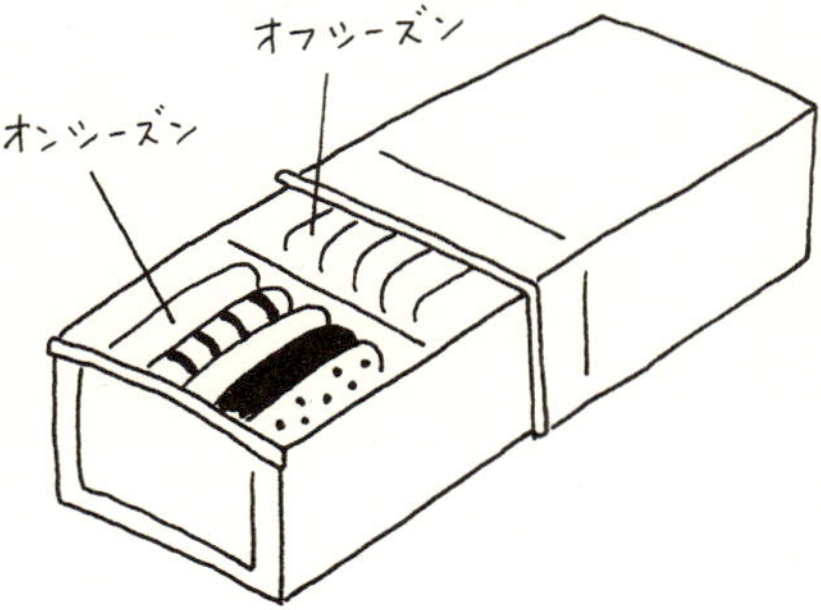

衣替えも収納の工夫で時短できる

タンスやクローゼットを「入れ替えるだけで衣替えが完了する」ように整えておけば、忙しくても衣替えがサッとできます。

き出しを入れ替えます。
奥行きのあるクローゼットの場合には、キャスター付きの衣装ケースを使い、手前にオンシーズン、奥にオフシーズンの衣装ケースを収納します。衣替えのときは前列と後列を入れ替えます。

②奥行きのある引き出しの場合

手前のスペースにオンシーズンのものを、奥のスペースにオフシーズンのものをしまい、衣替えの時期には前後を入れ替えます。

クローゼットや押入れのスペースに余裕があるなら、オフシーズンの衣類もできるだけオンシーズンと同じ状態で収納しておきましょう。たとえば、ハンガーにかけていた衣類はハンガーのままでクローゼットの奥にかけます。たたんだ衣類もぎゅうぎゅうに詰め込まず、すぐ取り出せるように種類別に余裕を持って収納すると、すぐオンシーズン仕様にできます。

14
収納ワザ

小物の衣替えは季節のバッグを利用する

探し物もラクチン

時短30min

衣替えといえば「衣類」のイメージですが、小物にだって季節感があります。たとえば冬なら、手袋やニット帽、マフラー、耳あてなど。夏なら、麦わら帽子や折りたたみ日傘、サングラス、扇子、汗ふきシートなど。

こういったものは、それぞれを細かく分けて収納してしまうと、取り出すときに何があったのか、どれをどこにしまったのかが分からなくなりがちです。

私は、**小物類は季節のバッグにまとめて入れて収納しています。**

夏の小物は、夏用のカゴバッグなどにすべて入れて。冬の小物は冬用のファーやボアが付いたバッグや、フェルト素材のバッグなどに入れて。

そうすれば、翌シーズンになったとき、バッグを収納から取り出せば、小物もセットで取り出せるので迷子もなくなり便利ですよ。

15 収納ワザ

不要になったものは「あげるボックス」へ

みんなも喜ぶ！

時短10min

もし、自宅によくお友達が来るなら、おすすめの不要品の手放しかたがあります。それは、**「あげるボックス」**の活用です。

箱やカゴを用意して、不要になった衣類や本、自宅では使わないいただき物などを入れておきます。

そしてお友達が来たら、その箱に「あげるボックス」のラベルをつけてリビングに置き、気に入ったものがあれば自由に持ち帰ってもらいましょう。

廃棄せずに済むものがあれば気持ちも嬉《うれ》しいですし、廃棄にかかる時間も短縮できますよ。

16 収納ワザ

絵本やおもちゃの収納は子供目線で！

子供を叱らなくなる？

時短 10 min

小さな子供のいる家庭の悩みは、溜まりに溜まった絵本とおもちゃ。本棚にぎっしり押し込んでいたり、大きな箱におもちゃをごそっと入れているお宅がほとんどだと思います。でも、その方法だと、子供が見たい本やおもちゃがすぐに見つからず、結局、全部出して散らかることに……。片づけに時間がかかるばかりか、ストレスも溜まります。

そこで参考にしたいのが、幼稚園で行なっている収納方法。

幼稚園では、絵本は本棚の低い位置に、ゆったり目に置いてあります。おもちゃも、ひとつの箱にゴチャゴチャ入れるのではなく、棚の低い位置に、積木はここ、人形はここ、というように、居場所を作ってあげています。そして箱には、中に入っているおもちゃの写真が貼ってあります。

こういった子供目線の工夫をすることで、好きな絵本やおもちゃがサッと取り出せますし、片づけも自然と自分でできるようになるそうです。自分のことは自分でやらせる！　最高の時短術ですね。

箱に貼る写真は、イラストでも文字でも子供が分かりやすければＯＫです。

また、おもちゃの数を増やしすぎないようにすることも大事です。あらかじめ決めた数の箱に入るだけと決めておき、入らない場合は、箱を増やすのではなく、新しいおもちゃを買わない、またはどれかを手放すようにします。51ページで紹介した「あげるボックス」を活用するのもおすすめです。

17
収納ワザ

子供の服は、カゴに投げ込み式にする

子供の自立心も促す

時短3min

子供のいる家庭は、洗濯物が多いですよね。だって、すぐに汚してしまうから……。食事で汚して着替え、公園で遊んで着替え、お昼寝で汗をかいて着替え。1日あたりの着替えの回数は、大人の比ではありません。

きちんとたたんで洋服ダンスにしまっても、すぐ着ることになるのなら、いっそのこと、カゴを用意して、そこによく着る服だけを投げ込んでおく方法はいかがですか？　子供服は伸縮性に優れ、アイロン掛けする必要のないものばかりなので、きちんとたたまなくても、さっくり丸めて入れておくだけでOKなんです。

この方法なら、小さな子供でも自分で服を選んで取り出すことができます。

分類はそれぞれの家庭で分けやすく、お子さんが選びやすいように分けるといいでしょう。また、カゴは着る順番に並べておくと、さらに着替えやすくなりますよ。

18 収納ワザ

レゴで遊ぶときはレジャーシートの上で！

片づけも考えた収納！

時短 3 min

子供が大好きなレゴ・ブロック。幼い頃から立体感覚が養われ、脳にとてもいいそうです。

でも、でも！　レゴって、小さなパーツがたくさんあって、片付けがすごーく面倒なんですよね。拾っても拾っても床に転がっている小さな部品。忙しく歩き回っていたら、うっかり踏んでしまったり……（レゴって丈夫だから、結構痛いんですよね）。

レゴで遊ぶときは、レジャーシートを敷いて、そのうえで遊ばせましょう。遊び終わったらシートを二つに折りたたんで、ザーッと箱に入れるだけ。パーツをなくす心配もありません。レジャーシートは、レゴと一緒に収納しておくと便利です。

2章 洗濯編

仕分け、洗う、干す、たたむ、しまう、アイロンがけ……。めんどくさい部分を、片っぱしから効率化！

19
洗濯ワザ

バスタオルよりフェイスタオル

収納もラクラク

時短 3 min

体はバスタオルで拭くもの、と思っていませんか？

バスタオルは大判なので、1枚でフェイスタオル3～4枚分の洗濯量になり、洗うときや干すとき、収納するときにスペースが取られ、乾くのにも時間がかかります。

そこでバスタオルを使うのはやめて、フェイスタオル1～2枚で代用しましょう。それだけで、洗濯物の種類が減り、洗濯の負担が減ります。また、バスタオルと違って、フェイスタオルはたたむとかなりコンパクトになるのも嬉しいところです。

20
洗濯ワザ

洗濯物の仕分けは家族が各自で

イライラが減る！
時短 5min

衣類を洗濯機に入れるとき、「これはネットに入れて」「これはドライコースで」と、時間をかけて仕分けていませんか？

洗濯をする人が仕分けまで一人でやるのは大変。衣類の仕分けは各自がする仕組みを作りましょう。

たとえば駅のゴミ箱は、「燃えるゴミ」「新聞・雑誌」「ペットボトル」などで入れる場所が分かれていて、それぞれ分かりやすく表示されていますよね。家の洗濯カゴも同様にするのです。

まず、「ネットに入れる衣類」「やさしく洗う衣類」「急ぎで洗濯」など入れる場所を分けておき、それぞれ分かるように表示しておきましょう。

そして、家族に入れる場所の説明と、服のタグについている洗濯表示の見かたを伝えます。洗濯カゴの前に、衣類の「洗濯表示の見かた」を貼っておくのもいいですね。

これで洗濯のときには仕分けがされているので、あとはカゴの表示通りに洗うだけでOK。仕分けの時間が短縮できます。

洗濯表示を読めるよう、夫や子供に教えるのは手間かもしれませんが、家事への参加意識が芽生え、ほかのこともきっと手伝ってくれるようになるはず！　それこそが、最高の時短です。

21 洗濯ワザ 「こうしてほしい」は文字にする

チリも積もれば
時短1min

洗濯カゴに入った洗濯物を見て、「シャツは裏返して入れてほしいのに」、「靴下を脱いだかたちのまま入れないでよ」なんて思ったことはありませんか？
一度は注意して直っても、こういったことはまたしばらくすると元に戻ってしまいます。場合によっては「そんなこと聞いてない」なんて、覚えてなかったり……。
こういうことを何度も注意するのは嫌ですよね。

家事について「こうしてほしい」と思ったことは、やはり口頭で伝えつつ、見えるように書いておくのが有効です。

次のページの写真のように、私の家の洗濯カゴには、仕分けの方法の他に、「靴下は伸ばして入れて」、「（洗濯）ネットは各自で」といったお願いごとが書かれています。

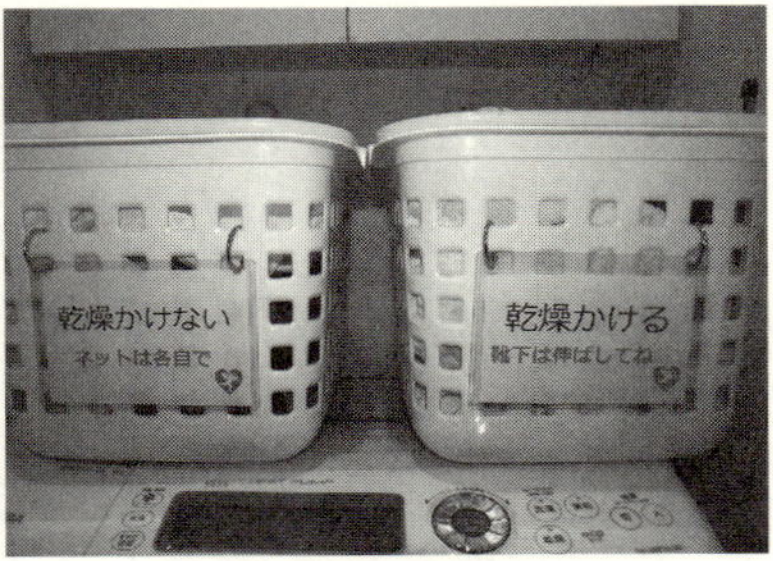

希望は文字にして伝えよう

見てわかるように表示しておけば家族も忘れない。

「〇〇して！」のようにキツイ調子で書くと、見た人が嫌な気持ちになるので、柔らかい言葉や文字で分かりやすく見せることを意識しています。

これで表示通りのやり方が習慣づいたら、この表示ははずしてしまっても大丈夫です。

22
洗濯ワザ

「なんとなく洗濯しておく」をやめる

好きなお店に寄れる

時短 20 min

一度着た洋服は必ず洗濯する、という人はいませんか？

実は私もそうでした。

でも、考えてみれば、涼しい室内で過ごした日や短時間しか着ていないものはたいして汚れていないし、直接肌につけていないものは皮脂などで見えない汚れがつくこともほとんどないので、毎回洗濯しなくても大丈夫なんですよね。洗いすぎは洋服の生地を傷めますし、あまりいいことがありません。

そこで、クローゼット内に**「着用した服コーナー」**を作ってみました。洋服のコーディネートは、そのコーナーから優先的に選んで、汚れたと感じたら洗濯に回します。

すると洗濯の回数が無駄に増えず、時短になることに気が付きました。特に通

勤用のおしゃれ着などは手洗いコースで分けて洗うことが必要なものもあります

し、その回数が減ると大きな時短になります。

衣類の傷《いた》み防止にもなって、一石二鳥ですよ。

23
洗濯ワザ

色落ちする衣類の洗濯に時間を取られない方法

心配ごとが減る！

時短 30 min

色落ちする衣類は持たないのが一番の時短ですが、気に入ったデザインのものがある場合もありますよね。
かと言って、その1枚のために、洗濯機を回したり、手洗いをするのは時間も労力もかかります。
そんなときの秘密兵器。色落ちする衣類を洗うときに一緒に入れて洗うと、色が他の衣類に移らなくなる、専用のシートが市販されています。例えば、「シャウト　カラーキャッチャー」「ドクターベックマン　色移り防止シート」など。水に溶けだした色素を吸着してくれます。買
でも、本当に色移りしないか、ちょっと心配ですよね。そんなときは、古くなったタオルや布巾などを一緒に入れて、本当に色移りしないか試してみてくださ

洗濯物の色移りをふせぐシート

色柄物から出る成分を吸着することで色移りをふせぐ。枚数などの調整は必ず不要な布で試してから。

い。もしタオルなどにに色が付くようであれば、シートの枚数を増やせばOK。

最初は少し手間がかかりますが、一度色落ちのレベルが把握できれば、その後は他のものと一緒に洗濯ができるので、時短効果は大きいですよ。

24 洗濯ワザ

洗濯のたたむ・しまうを分担する

至福のぼんやりタイムを

時短10min

洗濯の「洗う」と「乾燥」は、洗濯機に任せられますが、「たたむ」と「しまう」は、どうしても人の手でしなければなりません。

それなら、「たたむ」と「しまう」は、一人でやるのではなく、家族が各自でやるようにルールを変えましょう。

干した洗濯物を取り込むときには、家族の人数分のカゴを用意しておきます。カゴには誰の物か分かるようにマークをつけておきましょう。

取り込みながら、家族それぞれのカゴに洗濯物をポンポン放り込んでいきます。あとはリビングにそのカゴを置いて、各自でしまってもらいます。これで家族分の「たたむ」と「しまう」は終了です。

最初からこのルールであれば問題はありませんが、今まで妻やお母さんがやってくれていたことを自分でするというのは面倒臭いし、習慣になるまで時間がかかるものです。しかし、ここは忍耐。くれぐれも家族がやらないからと言って、代わりにやってしまわないように気を付けて！　子供に自立を促す意味でも、いい方法だと思いますよ。

また、自分の洗濯物はカゴにポンポン放り込むのではなく、干した洗濯物をピンチからはずして、立ったままたたみ、カゴに入れていきます。そして、そのまま収納まで一連の流れで終わらせてしまいましょう。座ってたたむと、また立ち上がる必要があり、この動作に意外と負担がかかるものです。

取り込みからしまうまでを、立ったまま一気にやることで、時間も手間も省略できます。

カゴは、リビングに置くので、シンプルなデザインのものがいいでしょう。空いたらコンパクトに重ねておけるものにすると、スペースを取りません。

25
洗濯ワザ

シーツやカバー類は、ひとつを使い回す

チリも積もれば
時短2min

シーツを洗った日——。ストックしておいたシーツを出してベッドメイキングをし、乾いたシーツはたたんでしまっておく。たいてい、そうしますよね。

でも私は、これをやめました。シーツはひとつを使い回し、洗ってその日のうちに乾かしたシーツを、しまわずにそのままベッドへ！　これで、「たたんでしまう」手間が省略できますし、たたんでできたシワを伸ばしながらベッドメイキングすることもなくなりました。予備のシーツはどうしても乾かなかったときなどのために1セットもあれば充分。同じシーツを何セットも買わずに済むのは経済的ですし、保管場所も取らず、いいことだらけです。

ちなみに、カバー類の着脱が負担になる方は、布団カバーであれば両サイドがファスナーになっている着脱しやすいカバーに替えたり、汚れやすい首元の汚れ

が防げる、かけ布団の衿《えり》カバーを使って、衿カバーをこまめに洗うのがおすすめです。

また、まくらカバーの着脱をラクにするには、ゴムバンドで着脱できるまくらカバーがあるので、それに変更したり、まくらカバーの上にフェイスタオルをかけて、タオルをメインに洗うようにします。洗濯もラクになりますよ。

26
洗濯ワザ

部屋干しした衣類を早く乾燥させる方法

お部屋も片づく！

時短10min

雨の多い時期だけでなく、仕事が忙しくて帰宅が遅い方など、洗濯物はいつも部屋干し、という方もいらっしゃいますよね。部屋干しした衣類を早く乾燥させるには、布の重なる部分をなるべく減らし、空気を通りやすくして干すのがポイントです。

洗濯物を干すとき、針金ハンガーではなく、厚みのあるハンガーを使えば、服の中に空間ができ乾きやすくなります。ワイシャツは重なる部分を減らすため、衿は立てて、ボタンはかけないで干します。また、ハンガーの間隔は10センチくらい空けて干すのが効果的です。

角型のピンチハンガーは乾きやすい位置を考えながら干します。内側に長いもの・外側に短いもの、もしくはその逆で吊るすと乾きやすくなります。ズボンは

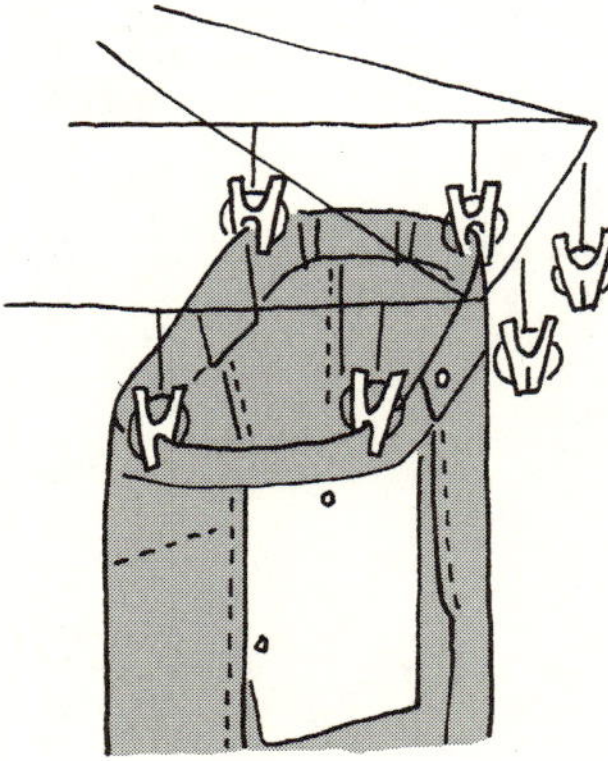

ズボンを早く乾かす方法

裏返してウエストを筒状にしピンチハンガーに留めて干す。風通しがよく、ポケットも乾きやすい。

裏返して、角型のピンチハンガーにウエストを上に筒状にして干すと、ポケット部分も乾きやすくなりますよ。

コストをあまりかけずに短時間で乾かしたいときは、「除湿機」か「エアコン＋扇風機」を利用するのが効率的でおすすめです。

冬場は、加湿のために暖房をかけた部屋に干す家庭も多いと思いますが、結露の原因になる可能性があるので、干す量を調節したり、ときどき換気をするように心掛けましょう。湿度が65％以上で室温が20℃を超えるとカビが繁殖《はんしょく》しやすくなるので要注意！　湿度計でチェックしましょう。

27 洗濯ワザ

梅雨《つゆ》どきの洗濯物の管理法

洗い直しにサヨナラ

時短20min

湿気の多い時期に部屋干しすると、洗濯物がちょっと臭うことがあります。これは、繊維に残留した皮脂汚れをエサに雑菌が繁殖してしまうから。せっかく洗っても、臭いが気になって、洗いなおしたことがある人もいるのではないでしょうか。そんな余計な手間と時間をとられないで済むように、洗濯のポイントを知っておきましょう。

ポイントは2つ。**「しっかり汚れを落とす」**ことと、**「早く乾かす」**ことです。

■洗う前に気をつけること

汚れ物は洗濯槽にそのまま入れず、通気のよい、目の粗《あら》い洗濯カゴの中に入れるようにします。カビの臭いの原因が洗濯槽の場合もあるので、カビの発生を防止するため、小さいお子さんがいるなど、事情がないお宅では洗濯機のふたはいつも開けておきましょう。定期的な洗濯槽のカビ除去も忘れずに。

■洗うときに気をつけること

洗濯物の入れすぎは、汚れが残留する元凶。洗い物は、洗濯機の6~8割を目安にします。また、洗濯洗剤は多すぎても洗い残しにつながるので適量を守りましょう。酸素系漂白剤を洗剤と併用したり、漂白剤入り（部屋干し用など）の洗剤を使うと、臭いも一掃してくれるのでおすすめです。酸素系漂白剤は、洗濯槽のカビ除去にも使えます。

■干すときに気をつけること

生乾きの状態が続くと、衣類に雑菌が繁殖しやすくなります。73ページを参考にして、なるべく早く乾かす工夫をしましょう。梅雨どきの洗濯は、衣類が傷まない程度に脱水を少し長めにかけるのも良い方法です。

28 洗濯ワザ

ワイシャツのアイロンがけ時短術

コーヒーが飲める 時短5min

スーツを着る人がいる家庭では、毎週、最低5枚は洗濯物になるワイシャツ。そのすべてをクリーニングに出すのは、もったいないですよね。かといって、ワイシャツのアイロンがけはクリーニングのプロでも難しいというから、できればやりたくないのが本音です。ならば、家で洗濯しても、アイロンがけしないです む方法を考えましょう。

まず考えるべきはワイシャツの素材。形態安定加工のものをセレクトしましょう。素材も「綿100%」より「綿50%　ポリエステル50%」のほうがシワができにくく、断然おすすめです。これだけでいい場合もありますが、気になるときは、「ネット de きれい」という、衣服に洗いジワをつけない洗濯ネットを使うと、クリーニングに出したようなシワのない状態で洗いあがります。買

29 洗濯ワザ

天気に振り回されない、ラクチン布団干し

今夜はぐっすり眠れる

時短 10 min

布団干しは、ベランダまで重い布団を運ぶ、けっこう重労働な家事です。それに、天候に大きく左右されるので、時間があって干したいときにタイミングが悪いと干せないというのも悩みですよね。

そこで、場所や天候にとらわれず、布団が干せる方法をご紹介します。ご自分の都合に合うものを選んでみてくださいね。

①室内の椅子を使って干す

室内の日当たりのよい場所に椅子を並べ、そこに布団をかけて干します。椅子さえあればできますし、急な雨にも困らない手軽な方法です。外出しなければいけないときにも、取り込みのことを考えなくていいのでおすすめです。

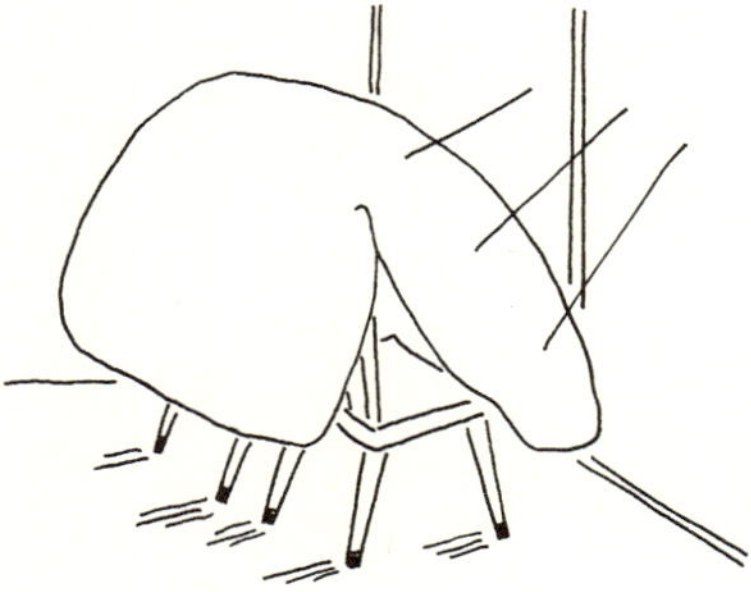

室内でラクラク布団干し

天気がいいけど仕事や予定がある日に。わが家ではダイニングテーブルの椅子2脚を使って干しています。

②布団乾燥機を使う

時間を問わず使用できる、布団乾燥機も、あると便利な家電のひとつです。いまひとつ乾きの悪い洗濯物を乾かすこともできますし、冬は就寝前に使用すると布団を温かくしてくれます。

③布団を見直す

干す回数を減らしたい場合は、布団そのものを見直しましょう。羽毛布団なら綿布団のように頻繁に干さなくても大丈夫！　敷き布団もベッドに替えれば不要になり、布団干しの負担が軽減できますよ。ベッドの上に敷いた薄手のベッドパッドを定期的に洗うだけでOKです。

3章 掃除編

掃除そのものの効率化だけでなく、掃除の手間を丸ごと省くテクまで教えちゃいます！

30
掃除ワザ

掃除は「見せる道具」でこまめに

いつでもキレイに

時短 3 min

部屋にホコリがあるのを見つけても、しまってある掃除道具を取りに行くのが面倒で「あとで掃除しよう」と後まわしにしていませんか？

ホコリは床や棚に落ちてきてすぐなら簡単な掃除で取れますが、時間がたつにつれて、水分や油分を含んで、洗剤を使わないと落ちない汚れに変わっていきます。そのため、掃除は溜めて一気にやるのではなく、軽い掃除をちょこちょことマメにするのが効率的です。

だから、気づいたらすぐ掃除グッズを手に取れるように、機能性も高く、インテリアの一部にもなるスタイリッシュな掃除グッズを出しっ放しにしておきましょう。たとえばおしゃれなフロアモップやハンディーモップ、コロコロなどはリビングに。部屋の隅、ソファーの後ろなど、手に取れるところに常にあれば、部

手に取りやすい場所に掃除グッズを

わが家ではベッドサイドにスリムなハンディーモップを取り付けました。ホコリが見えたらすぐに拭けるので、気持ちよく就寝できます。

屋はいつもきれいなままです。
掃除道具コーナーを作って1カ所にまとめて置くよりも、機能的な道具をいくつも用意して汚れやすい場所にそれぞれ置いておくほうが、効率的だし、確実に時短につながりますよ。

31 掃除ワザ

おしゃれではない掃除道具の配置法

上手な隠し方

時短 3 min

前の項では、部屋のあちこちにスタイリッシュな掃除道具を置いておくことをおすすめしましたが、見た目はイマイチでも、機能的に気に入っている掃除道具ってありますよね。それらは、ちょっと収納に工夫をして、いつでもサッと手の届くところに置いておきましょう。

①インテリアに合った色のファイルボックスに掃除道具をすっぽりしまい、棚などに収納。部屋からは見えないけれど、引き出せばすぐに取り出せるようにする。

②死角になる場所（家具の後ろや隙間など）に、フックやタオルバーを付けて、掃除道具を吊るしておく。

③おしゃれな収納ホルダーに入れるなど、グッズを使って見映えを良くする。

買

また、小さい子供のいる家庭は、お子さんに掃除道具を可愛くデコレーションさせるのも、ひとつの手です。ハンディーモップなどに可愛いシールを貼ったり、ヒモやリボンを結んだりして……。これなら部屋の見える場所に置いても違和感がなくなります。また、子供が「マイ掃除道具が飾ってある！」と喜んで、掃除を手伝うことにもつながります。

32

掃除ワザ 床に物を置かずに「吊るす」と床掃除がスイスイ

劇的にラクになる 時短1min

掃除機をかけるときに邪魔になるのが、床に置かれたスリッパやかばんなどなど……。いちいち持ち上げて掃除をするのは面倒臭いし、余計な時間がかかります。

掃除の時短のポイントは、そんな邪魔者たちを「置く」のではなく、「吊るす」こと！　空間を有効利用すると、とても掃除しやすい家になりますよ。

①スリッパ

玄関に散らばるスリッパは掃除の邪魔。ただ、一般的なスリッパ置きは床に置く物を増やしてしまうのであまりおすすめできません。

床に物を増やさずにスリッパを収納するには、100円ショップなどにあるタオルハンガーを靴箱の扉の裏面や玄関の壁などに取り付けて、スリッパ入れにしてみましょう。こうすると宙に浮いた状態になり、床掃除がラク。タオルハンガーの装着には剝《は》がせるテープを使うと壁が傷つきにくくなります。**短縮時間：30秒**

②かばん

クローゼットなどにしまえない場合は、壁におしゃれなピンフックを刺《さ》したり、ドアの内側にドアハンガーを付けてかばんを吊るせるようにします。**短縮時間：30秒**

掃除で物をどかす時間は僅《わず》かのようですが、毎回やると積み重なって大きな時間になります。最初に多少の手間をかけても掃除しやすい部屋に変えておくと、そのあとずっと短時間でラクに掃除ができるようになりますよ。

この方法は掃除に取りかかりやすくする効果もあるので、掃除が嫌いな人には特におすすめです。

33 掃除ワザ

大きな家具は「可動式」に！

床のキズ予防にも

時短 3 min

スリッパなどの小さなものは吊るしてしまえばいいけれど、掃除で本当に邪魔なのは、観葉植物や椅子、ゴミ箱などの大きくて重たいものたち。いちいち動かしていたら、それだけで時間がかかってしまいます。でも、動かさないと掃除ができないし……。

重いものでもスルスル簡単に動かせるようにしてしまえば、問題解決です。

①観葉植物

ホームセンターの園芸コーナーや100円ショップなどで扱っているキャスター付きフラワースタンドにのせると、重い観葉植物も、掃除しながら片手で軽々と移動ができます。**短縮時間：1分**

②椅子

キャスターが付いていない椅子には、あらかじめ家具を動かしやすくするグッズを装着しておきましょう。たとえば「カグスベール」は、シートを椅子の足に貼るだけで、フローリングに傷をつけずにスーッと移動できるようになるアイテム。タンスなど他の家具にも使えます。キャップタイプの「脚ピタキャップ」という製品もあります。掃除のときにサッと移動できるようになり、ダイニングテーブルの下なども掃除しやすくなります。ホームセンターや東急ハンズ、ネットショップ（Amazonなど）などで購入できます。**短縮時間：1分** 買

③ゴミ箱

大きめのゴミ箱は、キャスター付きを選ぶのがおすすめです。現在使っているゴミ箱には、強力な両面テープで小さなキャスターを貼り付ければ同じように使えます。**短縮時間：1分**

34 掃除ワザ

テレビの裏側もスイスイ掃除できる配線整理

安全性もアップ

時短 10 min

テレビやDVD、パソコン、電話などの周辺は、配線コードがゴチャゴチャしていて掃除がしづらく、ホコリも溜まりがちです。テレビ裏などのコードに絡みついた大量のホコリは、放置すると火事になる危険性も！

散らばった配線はスッキリとまとめて、掃除がしやすい環境にしましょう。最初はちょっと手間がかかりますが、一度整えれば、そのあとはずっと掃除がしやすくなりますよ。

■配線の整え方

①テーブルタップ（延長コード）を家具に取り付ける

まず、テレビボードやPC台などの家具の裏や側面にテーブルタップを取り付けます。テーブルタップの裏に穴がある場合は、家具に釘《くぎ》や木ネジを打ち込んで吊り下げられます。また、マグネット式や固定器具付きのテーブルタップもあります。テーブルタップは、スイッチが付いていて接続した家電の電源オンオフができるタイプがおすすめです。テーブルタップの定格容量を確認し、余裕を持って使用してください。

②余ったコードをまとめる

次に、家電から出ている電源コードのねじれを直しながら、プラグをテーブルタップに差し込んで行きます。電源コードが長すぎて床に落ちてしまう場合は、コードの端を残して、中央部分を軽く丸めて結束バンドで止めます。コードが宙に浮いたかたちになるので、コード回りや床の掃除がしやすくなります。結束バンドは、１００円ショップなどでも購入できます。

③テーブルタップからコンセントまでを整備する

テーブルタップの電源コードや、テーブルタップを経由せずにコンセントに差

わが家の配線整理

著者の家のＰＣデスクの裏はこのように配線をまとめています。掃除機のヘッドが入るギリギリのすきまをあけているのでホコリ知らずです。

した電源コードは、スパイラルチューブでひとつにまとめるとスッキリします。コンセントまでのコードが長くて床に這《は》ってしまう場合は、壁に配線モールを貼り付けてコードを壁に這わせるようにします。

④家具と壁の隙間はやや広めに。

配線が整理できたら、テレビボードなどの家具と壁の間を、掃除機のヘッドやモップが入るようにあけます。この、やや広めの隙間が、のちのちの掃除をしやすくするのです。

35 掃除ワザ

掃除機のヘッドが入らないスペースをなくす

毎日がスムースに

時短 5 min

掃除をしていると、掃除機のヘッドが入らない狭いスペースにたびたび遭遇します。そういった場所にはホコリがどんどん溜まり、ダニが発生する原因にもなります。その部分のためだけに、小さい掃除道具を持ってまわるのも大変ですよね。効率的に掃除をするためには、なるべく掃除機のヘッドが入らない場所を作らないことが大切なんです。

■家具と家具の隙間を広げる

「家具と家具の隙間」や「家具と壁の隙間」を、掃除機のヘッドが入る幅に調整しましょう。掃除機のヘッドを家具の隙間に置き、それに合わせて家具の位置を調整します。

■組み立て家具の棚板を上げる

スチールラックなどの組み立て家具を掃除するときは、一番下の棚板を最下の位置から、掃除機のヘッドが入る高さにまで上げて組み立て直します。収納量は減りますが、ラックの下をいつもきれいにしておけます。もしくは、ラックにキャスターをつけて動かせるようにするのも一案です。

■掃除道具を見直す

家具の隙間を掃除機のヘッドの幅に合わせるのが無理なら、掃除機の方を隙間に合わせるという考え方もあります。

最近の掃除機は、ペダルを踏むとヘッドが分離して狭い隙間にも入るくらいコンパクトになったり、ソファーの下などの狭い空間にも入るように、ホースが床にくっつくほど倒れる掃除機などがあります。

フロアワイパーも3センチほどの細い隙間に入るものもあるので、買い替え時期に検討してみてはいかがですか。

36 掃除ワザ

掃除しやすいトイレを作る

節水にもなる！

時短 70 sec

ホコリ、水あか、尿などさまざまな汚れが付くトイレは、マメに掃除をしないと、のちのち掃除の負担が大きくなります。トイレをあらかじめ掃除しやすい環境にしておけば自分がラクになるのはもちろん、家族が手伝いやすくなりますよ。

①トイレブラシ

トイレブラシは通常は床に置きますが、床掃除の邪魔になるので、吸盤付きケースに入ったミニトイレブラシを選び、トイレタンクの側面に貼り付けましょう。トイレブラシはトイレの中で最も不衛生と言われているので、安価なものを短期間で交換していくのがおすすめです。**短縮時間：10秒** 買

②洗剤

スプレータイプのトイレ洗剤は、しまいこまずに、トイレタンクの側面に吸盤付きのフックなどを貼り付けて、そこに持ち手を引っ掛けておきます。ブラシと洗剤がすぐ手に取れれば、トイレ掃除もグッとスムースにできます。**短縮時間：10秒**

③サニタリーボックス

サニタリーボックスは、コーナーの床近くに簡易な棚（コーナー用の三角突っ張り棚など）を設置してその上に置くと、掃除の邪魔になりません。

トイレタンクに吸盤を付けたり、壁に棚を取り付けるのが難しい場合は、大きめのカゴを床に置いて、その中に、サニタリーボックスやトイレブラシや洗剤などを一緒に入れておきましょう。バラバラに床置きするよりも、カゴごと移動できるぶん、掃除がラクになります。**短縮時間：10秒**

トイレブラシは床に置かない

吸盤付きケースに入ったブラシなら、床掃除の邪魔になりません。衛生のためにも、安価なものをこまめに交換して。

④トイレタンクの手洗い

トイレの床はマメに掃除しても、ココは案外忘れがち。小さなスポンジを常にタンクの上に置いておきましょう。トイレに入って手を洗うついでに、ちょこちょこと掃除ができます。デザインの可愛いものを選べば、つい手に取ってしまうはず。**短縮時間：30秒**

⑤トイレマット

トイレマットを取り外すのが面倒で、床掃除を先送りしてしまう方も多いのでは？

思い切ってトイレマットを撤去しまし

ょう。床掃除がワンアクションでできるようになります。マットは必要という場合には、ビニール製の拭けるタイプのマットもあります。床と同じように拭けて、洗濯をしなくてすむのが利点です。**短縮時間：10秒**

トイレ掃除がしやすくなれば、使用したついでに掃除をするのも苦ではなくなります。ついで掃除ができれば、時短はもちろん、節水や節約にもなり一石三鳥ですよ。

37
掃除ワザ

カビないバスルームの掃除道具の置き方

時短3min
見た目もよくなる

浴室は湿気が多いので、掃除道具の収納場所は、通気性と水切れの良さで選ぶのが鉄則！　浴室をきれいにするはずの掃除道具が汚れていては、かえって浴室が汚れてしまうことになります。掃除道具自体を掃除するのも、時間がかかるので避けたいところです。

だから道具は、吊るしてしまうのが一番！　浴室内のタオル掛けにS字フックをつけて、掃除道具を吊るしておきましょう。

柄付きの掃除道具はそのままかければOKですし、スポンジなどは、紐を通して吊るし、水気を切りやすくします。

S字フックは横ブレしないタイプ（無印良品などで販売されています）を選ぶと、取り出すときにフックがずれずにスムースです。

掃除道具はあっちこっちにバラバラと置くと、見た目も悪く、せっかくのお風呂がリラックス空間ではなくなってしまいます。しかし、このタオル掛けにまとめてかければ見た目もよく、道具の状態がひと目で分かるので、管理もラクになります。

スプレータイプの洗剤なども、このタオル掛けにかけておくと、サッと使えて効率的ですよ。

38
掃除ワザ

掃除しやすい洗面台を作る

清潔さがアップ！

時短 3min

床掃除のページでも述べましたが、「物を置くこと」が掃除の妨《さまた》げになります。洗面台などの水回りでも同じように、物を置かない工夫をしましょう。

①歯磨き用コップ

歯磨き用コップが洗面台に置いてあると、いちいち持ち上げて掃除しなければなりません。フック付きの吸盤を鏡に取り付けて、そこに吊るしてしまいましょう。こうすれば、底辺がヌルヌルにならない、という利点もあります。**短縮時間：1分**

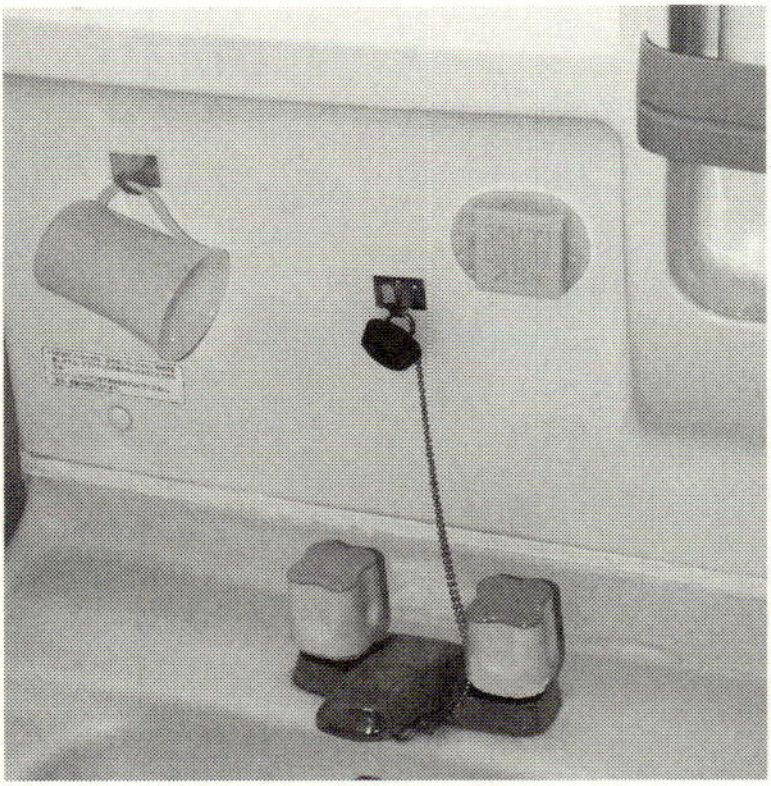

洗面台にも
物を置かない工夫を

右上に貼りついているのが、吸盤の石けん置き。不思議とピタッとくっつき、ヌメリ知らずで便利！

②チェーン付きの栓

洗面槽に水を張るときにだけ必要で、いつもは邪魔なチェーンがついた栓。蛇口の脇などに置いておくと、雑菌の温床にもなりかねません。

チェーンを外して、扉の内側などに吸盤付きフックをつけて吊るしておきましょう。使うときだけ取り出せばいいのです。

チェーンが外れない場合には洗面台の壁面にフックを付け、チェーンをかけておきましょう。水が切れるのでヌメリなどが出ません。**短縮時間：1分**

③石けん・歯磨き粉

石けん置きの水切れが悪いと、手入れに手間がかかってしまいます。たとえば、小さな吸盤がたくさんついた石けん置きをご存じでしょうか？　鏡などの垂直な面にペタンとくっつけ、そこに石けんを貼りつけるアイデアグッズです。この吸盤、歯磨き粉などをくっつけることもできます。**短縮時間：1分**㊮

物は宙に浮いていれば、掃除は断然しやすくなります。吊るしたり貼りつけたりすれば、掃除の「予防」になるというわけ！

39 掃除ワザ

何かのついでにちょこっと掃除① 洗面台編

10分早く眠れる！

時短10min

忙しいときは、掃除の時間を作り出すことも難しいですよね。そんなときは、ふだんの行動、例えば洗顔するときなどに掃除を組み込んでしまいましょう。そうすれば意識して掃除のための時間を作らなくても、いつも家をきれいにしておけますよ。

①洗顔するついでに、洗面台と蛇口を

洗面台にカットした可愛いスポンジやブラシなどを置いておき、洗顔するとき、ついでにササッと洗面ボウルと蛇口を磨きます。この、たった数秒の習慣で常に洗面台はピカピカ！　洗顔後、顔を拭いたタオルで洗面台の水滴を拭いておけば、完璧です。**短縮時間：5分**

②スキンケアするついでに、鏡&排水口掃除

洗顔のあとは、顔を拭いたタオルで鏡も一緒に拭いてしまいましょう。アルコール配合の化粧水を使っているなら、パッティングしたコットンで鏡を拭くと、汚れが落ちやすく、鏡のくもり防止にもなります。使ったコットンは捨てないで、排水口に溜まったゴミや髪の毛を取り除くのに使うと一石二鳥です。**短縮時間：5分**

40 掃除ワザ

何かのついでにちょこっと掃除② バスルーム編

いつでもピカピカ

時短 6 min

お風呂で頭や体を洗っていると、床や壁の汚れに気づくことがあります。せっかく見つけた汚れは、その場できれいにしてしまうのが吉。体を洗いながらすぐ手が届くところに、歯ブラシなど小さな掃除道具を吊るしておきましょう。小さなカビや汚れを見つけたら、サッと道具を手に取って、シャンプーやボディソープを使って掃除してしまいます。黒カビも小さいうちに退治しておけば広がりにくくなりますよ。**短縮時間：1分**

そして、浴槽の掃除も、入浴剤代わりの「重曹」でラクチンにしちゃいましょう。重曹をひとつかみお湯に入れて入浴するとよく温まるうえ、湯あかもつきにくくなるので一石二鳥です。**短縮時間：5分**

41
掃除ワザ

予防掃除テク①　キッチン編

大掃除いらずに!?

時短 23 min

キッチンにはしつこい汚れが溜まりやすく、放っておくと掃除もひと苦労です。そんな場所には、あらかじめ「予防掃除」をほどこしておきましょう。

予防掃除とは、汚れが付かないような工夫をすること。これさえやっておけば、大掃除も不要になります！

①冷蔵庫の上

油煙のついたベタベタなホコリが溜まりやすい場所です。冷蔵庫の上にはあらかじめ、ラップを敷いておきましょう。掃除は、ラップを定期的に交換するだけですからラクチンです。**短縮時間：10分**

②冷蔵庫の野菜室

野菜くずが溜まりやすい底面に新聞紙を敷いておきましょう。何枚かを重ねた状態で敷いておけば、汚れた1枚を抜き取っていくだけで、いつも清潔な状態をキープできます。**短縮時間：1分**

③トースターのパンくずトレイ

パンくずが溜まったり、焦げ付きができやすい場所です。あらかじめアルミホイルを敷いておけば、ホイルを交換するだけできれいな状態が保てます。アルミホイルを敷くのに適さない機種もあるので、取扱説明書を必ず確認してからにしましょう。**短縮時間：1分**

③調味料置き場

こぼれた調味料などで底面はよく汚れてしまいます。あらかじめキッチンペーパーを敷いておけば、垂れた調味料を吸い取ってくれて、ベタベタ汚れがトレイなどにこびりつきません。**短縮時間：1分**

汚れやすいトースター の予防掃除

取れにくい焦げ付きも、アルミホイルを敷いておくだけで予防できます。アルミホイルがヒーターに触れないように注意してください。

④換気扇

大掃除がたいへんな場所のひとつですが、フィルターをつけておくだけで掃除の時間は大幅に短縮です。マグネットで付ける交換が楽なタイプや、4週間に一度交換に来てくれるダスキンの定期補充サービスもあります。**短縮時間：10分**

買

42 掃除ワザ

予防掃除テク② 浴室編

お昼寝しよう

時短 43 min

水あかやカビが発生しやすい浴室も、予防掃除を施しておくのがおすすめ。ポイントは、「すぐ掃除できる環境にする」「汚れが発生しづらい環境にすること」の2つです。

①風呂桶《ふろおけ》は吊るす

風呂桶はそのまま置くと、底面がヌルヌルに！　浴槽や壁面に吸盤付きのフック（素材などの関係で付きにくい場合は、壁に貼ってはがせる吸盤用補助板というものが売っています）を付けて吊るしておきましょう。フックは風呂桶専用の物もあり、１００円ショップなどでも扱われています。**短縮時間：１分**

②浴室グッズを抗菌タイプに替える

もし浴室グッズが買い替えても良いタイミングなら、最近は、抗菌タイプの浴室グッズが多数出ているので取り入れてみてはいかがでしょうか？　抗菌風呂桶や抗菌風呂ぶた、抗菌風呂椅子などがあり、細菌の繁殖を抑えて、ヌメリなどを防いでくれます。**短縮時間：1分**

③不要なシャンプーのボトルは捨てる

種類の違うシャンプーを買ったとき、前に使っていたシャンプーのボトルを「もしかしたら使うかも」と、そのまま置いてはいませんか？　長期間放置すると、そこからヌメリやカビが発生して掃除の負担が大きくなります。不要なボトルは処分するか、浴室から移動させましょう。ちなみに市販されている詰め替え用シャンプーが吊るせるフックを活用すると、ボトルの裏にカビが生えることもなくなりますよ。**短縮時間：1分**㊮

④バスルーム全体を、防カビ環境に

カビが生えてから除去するのは大変なので、バイオの力でカビが発生しづらくなるアイテムを使ってみて！　天井に貼ったり、燻煙《くんえん》する製品が出回っています。**短縮時間：30分**（買）

⑤50℃のシャワーでカビ予防

浴室に残った垢《あか》やシャンプーの泡はカビの栄養になるので、シャワーで洗い流します。ポイントはシャワーの温度を50℃に設定すること。文部科学省の「カビ対策マニュアル基礎編」によると、通常のカビは40℃を超えると生育できず、ほとんどのカビの菌糸は50℃で死滅します。泡は想像以上に飛び散っているので、足元だけでなく肩くらいの位置からシャワーをかけることが必要です。**短縮時間：10分**

43
掃除ワザ
まとめてやっておくと便利なこと①　掃除編

イライラが減る
時短3min

①フロアモップのシート

使うときに1枚ずつシートを装着するフロアモップ。これを一度に5枚ほど重ねてセットすると、掃除のたびに装着する必要がなくなります。汚れたら、上の1枚を捨てるだけです。

休みの日にあわせて枚数を調節すると、時間のあるときにセットできてグッと精神的に楽になります。たとえば土日休みの人なら、5～6枚を重ねてセットしておき、毎朝起き抜けにシート1枚を使ってざっとフロアモップをかけ、また週末にまとめてセット。これで毎日きれいなお部屋がキープできます！　**短縮時間：1分**

②ゴミ袋

ゴミ箱には、ゴミ袋を何枚か重ねてセットしておきましょう。上のゴミ袋を取ると、下にはすでに新しいゴミ袋がセットされているため手間が減ります。これもゴミの日と自分の休日に合わせてローテーションを作ると、より合理的にできます。**短縮時間：1分**

③雑巾がけ

広い範囲を雑巾がけするときは、あらかじめ何枚かの雑巾をぬらして絞っておきましょう。1枚汚れるたびに洗うのではなく、絞ってある雑巾をどんどん使っていき、使い終わったら一緒に洗ってしまうほうが効率的です。**短縮時間：1分**

44
掃除ワザ

マット類を見直す

洗濯もラクになる

時短 5 min

キッチンやトイレの床にマットが敷いてあると、それだけで掃除の邪魔になるし、マット自体も洗わなくてはいけません。マットのためだけに洗濯をするのは手間だし、市販のマットはたいてい厚手なので、洗濯しても乾きにくいものばかり。そこでマットを効率的に使える方法を考えてみました。

①バスマットはホテル仕様にして気軽に洗濯する

風呂あがりの水分を吸収させるくらいなら、厚手のマットでなくても、ホテルにあるような薄いタオルタイプのマットで充分。使い終わったらそのまま洗濯カゴへ。タオルと同じ扱いで洗濯すれば、マットのためだけの洗濯時間が短縮でき、掃除の邪魔にもなりません。買

②拭けるタイプのマットを使う

今はビニール素材でできた「拭けるマット」なるものも出ています。「マットを洗うのに時間を取られたくない」「でも床掃除をマメにはできない」という人に向いています。ときどき、めくって床を掃除する必要がありますが、布タイプより扱いはラクチンです。

③マットを撤去する

床をマメに拭くのが苦ではない方は、マット自体を撤去してしまえば、掃除のときにどかす必要もなく、洗濯の手間もかかりません。そのぶん床は汚れやすくなるので、使ったらその都度サッと拭きます。

マットを撤去するか、薄手のものを置いておくかは、自分の得意分野で決めましょう。掃除より洗濯が好きなら置いておく。洗濯より掃除が好きならマットを撤去する。私は今は、マットの撤去と拭けるマットの使用を組み合わせています。

45
掃除 ワザ

朝起き抜けに掃除する

目覚めもスッキリ！

時短 10 min

ホコリは、夜、みんなが寝静まっている間に、数時間かけて床に落ちていきます。でも、ホコリはとても軽いため、人が部屋の中を歩くと、それだけでまた空中に舞い上がってしまうのです。

だから床に溜まったホコリを一掃するには、みんなが起き出す前の時間がおすすめ。そのときはホコリを舞い上げないように、フロアワイパーでそーっと拭くように掃除しましょう。

朝やろうと思っても、つい忘れてしまうという場合は、寝ぼけていても視界に入ってくるような元気カラーのフロアモップを、寝室のそばやリビングまでの廊下など、朝の動線上にセットしておきましょう。そのままモップを持って室内を歩きまわれば、床掃除は完了です！

46 掃除ワザ

掃除機のルートを決めておく

チリも積もれば

時短 5 min

人が掃除機をかけているのを見ていて、気づいたことがあります。それは、結構、同じ場所を何度も掃除しちゃうんだなぁ、ということ。

それを防ぐために、最短でできるルートをあらかじめ決めておきましょう。同じ場所を二度掃除することもなくなりますし、家具の移動なども最小限で済みます。また、途中でやめなくてはいけない状況になっても、どこまでやっていたのかが一目で分かるので、無駄なく再開ができます。

掃除機のコンセントも、どの部屋にも届く位置を把握し、いつもその場所に差しこむようにします。コードの長さが足りない場合はホームセンターなどで合う長さの延長コードを購入し、差し替えしないですむようにすると余計な時間がかかりません。

47
掃除ワザ

掃除機とフロアワイパーの使う順番を考える

掃除の効果がアップ

時短10min

「掃除機」と「フロアワイパー」。どちらも部屋のホコリを取るのによく使われている掃除道具。でも、どちらを先に使うのが効果的なのでしょう。

掃除機は、ホコリを大量に〝吸引〟して床をきれいにします。だから、広い場所やデコボコしている場所、部屋の端の方まできれいにするのが得意です。

しかし、ホコリを空気中に舞い上げてしまうことも……。そして、そのホコリは10時間ほどでまた床に落ちてくるのです。

一方、フロアワイパーは、ホコリを〝拭き取る〟ことできれいにします。掃除機のようにホコリを舞い上げない反面、パワフルに汚れやホコリを取ることはできません。砂などシートにくっつかないものも取り除くことができません。

この2つの利点を最大限に生かすための掃除の順番は、先にフロアワイパーで床のホコリを舞い上げないようにできるだけ拭き取ってから、掃除機をかけるのが正解です。

これまで先に掃除機をかけていた人も、今日からは逆にしてみてくださいね。

48
掃除ワザ

ハンディーモップ＋軍手で棚掃除が1回で終わる

めんどくささ解消！

時短10min

写真立てや花瓶、出窓や棚の上は、ハンディータイプのモップが便利です。でも、細かな凹凸部分やベタついた汚れなどは、ハンディーモップだと掃除がしにくいことも。

そこで、ハンディーモップを使うときには、手に軍手をはめましょう。ハンディーモップで広い面を拭きながら、細かい部分はモップを持っていない軍手の手で拭きます。これで細かい細工の置物などもいつもピカピカ。汚れが気になるときは、軍手にシュッと水や洗剤を吹き付けて磨きます。手荒れが気になる場合は、薄いゴム手袋をしてから軍手をつければ大丈夫。ゴム手袋が水分を遮《さえぎ》るので冬でも冷えません。

49

掃除ワザ ベタベタ汚れがつく場所にはウエットティッシュ

イライラが減る

時短10min

食後のテーブル、焼肉をしたあとのフローリングの床、テレビ台やリモコン、カーテンレール、エアコン、子供のおもちゃなど……。家の中はベタベタした汚れでいっぱい！　特に子供はベタベタした手であちこち触りますよね。頑固な汚れになってしまうときれいにするのは難しいから、気づいたときにサッとすぐ拭き取るようにしましょう。

そのためには、ボトルタイプのウエットティッシュや水を入れた霧吹きを、手に取りやすい場所に置いておくと便利。この「手に取りやすい場所」というのがミソなんです。そうしておけば、忙しいときに「ちょっと、そこ拭いておいて」と、家族に頼みやすい！　わざわざ雑巾を持ってきて拭かせるのは気が引けても、目の前にあるもので拭くのなら気兼ねする必要もありませんよ。

50 掃除ワザ

梅雨どきのキッチンのカビ予防法

健康にもよい影響が？

時短 10 min

梅雨どきに、キッチンで気を付けたいのが「カビ」や「ヌメリ」。あらかじめ、カビやヌメリが発生しにくい環境にしておきましょう。

■シンクはスクレーパーで水をしっかり切る

カビ防止のため、シンクは水滴をしっかり拭き取っておきたいもの。でも、布巾などで拭くと、今度はその布巾を洗ったり干したりする手間がかかります。そこで鍋などの汚れを取るスクレーパー（ゴム製のヘラ）を活用してみましょう。洗い物が終わったら、スクレーパーで水気をしっかり切れば、いつも清潔なシンクが保てます。買

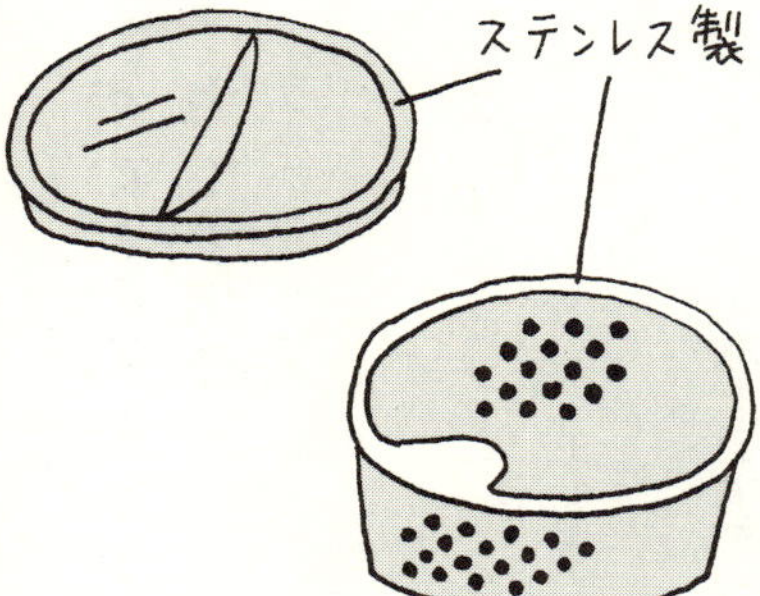

排水口の手入れをラクにする

排水口のキャップやバスケットはステンレスにすると手入れが簡単になります。バスケットは網でなく、パンチングタイプに。

■排水口キャップとバスケットを替える

賃貸の住宅などでよく使われている、排水口の菊割れゴム。ヌメリが発生しやすく、掃除にも時間がかかるので、市販されているステンレスの排水口キャップに替えてみましょう。排水バスケットもパンチング（水玉状に穴が空いたタイプ）の浅型かごにすると手入れが簡単です。買

■換気扇を活用する

洗い物をしているときにも湿気は発生しています。料理後や、洗い物をしている間も換気扇を回すことでカビが予防できます。

51
掃除ワザ
急な来客時きちんと掃除したように見せる裏ワザ

笑顔でお迎えできる

時短10min

忙しくて掃除が行き届いていないとき、急な来客があったら、あなたはどうしますか？　玄関先で待ってもらうのも、数分が限界。そんなとき、まず考えるのは、お客様の動線。どう動くかを考えましょう。

玄関から入って、リビングに移動して、トイレにも行くかも……。だったら、玄関、リビング、トイレの3カ所のポイントだけをサッときれいにします。

①玄関

外に出しっぱなしの靴を靴箱に入れるだけ。

②リビング

ホコリの溜まる隅っこだけをフローリングモップで拭きます。

③トイレ

便器の中をブラシで軽くこすり、床にゴミが落ちていたら拾います。手洗い場があるなら手を洗う蛇口だけをメラミンスポンジでピカピカにしておきます。

ここまで全部やっても、かかる時間は2〜3分。これだけで、「細かいところも行き届いているなぁ」という印象になります。

ただし、あくまで応急処置。後日、ちゃんと掃除しましょうね。

4章 料理編

毎日のことだから、小さなことでも
暮らしに大きな効果が。
こんなに簡単なのに、こんなにラクになる！

52

料理ワザ キッチンのスペースを生み出す

劇的にラクになる 時短3min

私が以前に使っていたキッチンはとても小さく、調理台のスペースの幅が45センチしかありませんでした。45センチって、一般的なご家庭のフライパン（直径25センチくらい）を横に置いたら柄がはみ出すくらいの幅です。この小さいスペースに、冷蔵庫から出した食材を積んで、残った場所で調理していたので、ときどき、食材が置ききれなかったり、料理ができあがっても置く場所がなく、とても困りました。

これでは余計な時間がかかって仕方ない、とキッチンを見直すことにしたのですが、そのときに役に立ったのが、建築業界の人などが使う、キッチンの「理想的な作業スペース」という考え方でした。

それは、キッチンに、

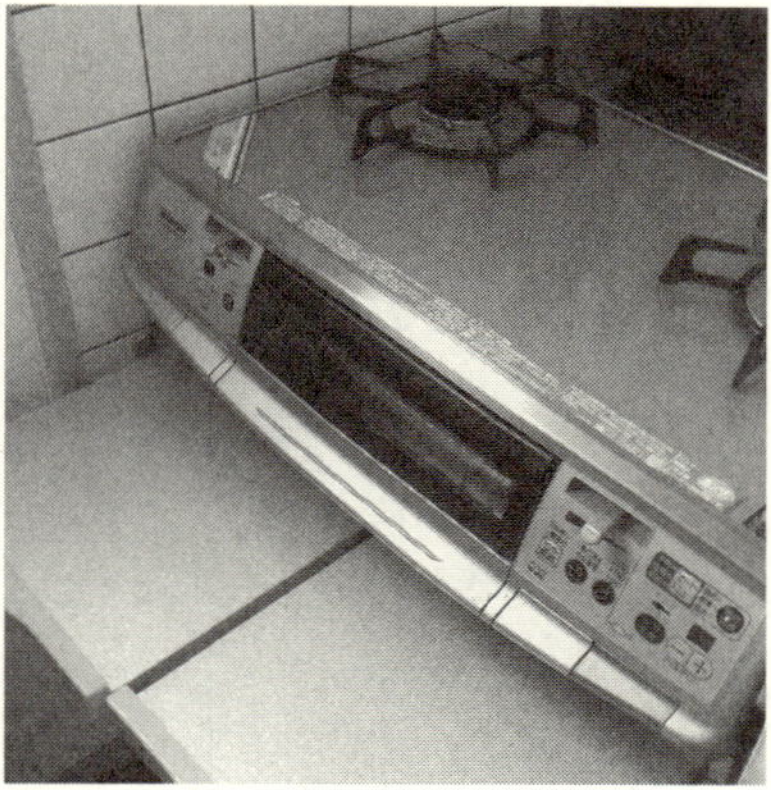

キッチンに空間を生むレンジテーブル

ここに茶碗やお皿を置き、調理したものを盛りつけていきます。ガスレンジの下に置くタイプ以外のものもあるので、キッチンの動線に合ったものを選びましょう。

●食材が置ける「準備スペース」
●切ったり和《あ》えたりできる「調理スペース」
●できた料理が置ける「配膳スペース」

の3つがあると動線が良くなる、というものです。

当時私が使っていたキッチンには「調理スペース」しかなく、「準備スペース」と「配膳スペース」がなかったので、食材や料理の置き場所に困り、余計な時間がかかっていたのです。

そこで、すぐできる解決法として、キッチンにあった家電ラックの一角を空け、ここを「準備スペース」にしました。冷蔵庫から出した食材はここに置きます。

また、「配膳スペース」は他に作れそうになかったので、ガスレンジの下に、ホームセンターなどで売っている「レンジテーブル」という引き出し式の台を置き、使うときだけ引き出して使うことにしました（我が家はガスレンジの下に置くタイプにしましたが、電子レンジ用など、色々な用途とサイズの台があります）。買

キッチンに、この3つのスペースを確保することで、食材の準備から配膳までスムースに調理ができるようになりました。

スペースを作る方法は、他にも、キッチンにワゴンを入れて、一番上を「準備スペース」としたり、ダイニングテーブルをキッチンに近づけて「配膳スペース」にするといった方法もあります。

53
料理ワザ

献立作りは枠組みを作っておく

長年の悩みが解消
時短5min

料理で大変なのは、調理そのものよりも献立を考えることだったりしますよね。献立作りで悩んでしまう原因は、「主菜は何にしようかしら」「それに合う副菜は……」など、「決めなくてはいけないことがたくさんあるから」です。決めるのが苦手な方は、特に献立作りがつらいのではないかと思います。

私は献立作りには、ある程度のルールを作るようにしています。一から考えると大変なので、最初に枠組みを作ってしまうのです。

私の場合は、曜日ごとに「メイン料理のカテゴリー」を決めてあります。月・火・木曜日は魚料理、水・金曜日は肉料理です。これだけで「今日はお肉にしようかしら、魚にしようかしら」というレベルの悩みはなくなります。

あとは、買い物をするときに、「これは月曜日の魚（さわら→塩焼きに）、これは火曜日の魚（鮭→ホイル焼きに）……」という具合に、料理のレベルに落としながら一週間分の魚と肉を購入します。つまり買い物した時点で、そのあとの一週間分のメイン料理は決まっていることになります。

あとは、133ページの方法で空き時間に茹で野菜などをたっぷり作っておいて、メイン料理に添えたり、具だくさんの汁物や漬物などを出します。汁物には、これもまとめて刻んでおいた薬味をポン。とても簡単ですが、満足度の高い夕食になります。定食屋さんの定食風をイメージするのがポイントです。

飽きやすい方は、肉と魚を交互にするなど工夫するのもいいですし、他にも、「月曜は刺身か丼もの」「火曜日は揚げ物」「水曜日はカレーかパスタ」のように、調理法を決めてしまうという方法もおすすめです。

献立作りがつらいと感じる方は、あらかじめ「枠組み」を作っておくことで、考える要素を減らしてみてくださいね。

54 料理《ワザ》 まとめてやっておくと便利なこと② 料理編

ストレッチしよう

時短 15 min

料理のシーンにも、掃除などと同じように、まとめてやっておくと時短になることが、いくつかあるんです。

①茹で野菜

野菜を毎日しっかり食べたいなら、「茹で野菜」を常備しておくのがおすすめです。けれど、野菜を毎日のように加熱調理するのはそれなりに手間がかかります。ならばその手間、まとめてやっちゃいましょう！

鍋に湯を沸かして塩を入れ、数種類の野菜を次々と茹でます。

たとえば、下処理したオクラを1分半茹でてザルにあげる↓根元を折ってはかまを取ったアスパラガスとインゲンを2分程茹でてザルにあげる↓小房に分けたブロッコリーを40秒程茹でてザルにあげる→ほうれん草をサッと茹でて冷水にさらし水気を切る。食事の支度や片付けのついでにできます。**短縮時間：10分**

②薬味（生姜《しょうが》・ネギ）

おろし生姜も、料理にほんの少し使うだけなのに、準備にはけっこう手間がかかるものです。

すりおろした生姜は、冷凍しておけば、それほど風味を損なうことなく保存することができます。少しずつラップに包んでおいて、使うときは室温に戻すだけ。スープなどに入れるときは、凍ったままお鍋にポン！　そのつど包丁やおろし金を洗う手間も省けます。

刻んだネギも冷凍保存が可能です。これも生姜同様、少量ずつラップに包むか、保存容器に入れて冷凍します。みじん切りしたものは、自然解凍して薬味に、斜め薄切りにしたものは味噌汁などの具材としても重宝します。**短縮時間：3分**

③米の計量

米の計量もまとめてやっておくと便利。1回に炊く量をあらかじめ測り、容器やジッパー付きの袋などに入れておくのです。最初にやっておけば、その都度、重い米びつを出し入れする必要がなくなります。**短縮時間：1分**

④バター

バターを使うとき、冷蔵庫から出して必要な分量をナイフで切ったり、スプーンですくったり……。でも、バターが付いたナイフやスプーンって、ベトベトになって洗うのも時間がかかりますよね。

あらかじめ、10グラムずつくらいに切っておくと、洗う手間が省けます。カットしたバターは保存容器に入れて、冷蔵ではなく冷凍庫で保存するのがオススメです。ホットケーキなどに使う場合は電子レンジにかけて溶かせばOK。**短縮時間：1分**

55
料理《ワザ》

フライパンひとつでパスタ料理

時間のないあなたに
時短10min

パスタ料理は手軽ですが、パスタ鍋やザル、ソースを作ったフライパンなど、大きな洗い物が出てしまいがち。

そんなときは、〝フライパンひとつ〟で作れるパスタレシピを作ってみて。鍋やザルを使わず、水も少量でいいのに、とても美味しいパスタ料理が作れます。

作り方の基本は一緒（すべて1人分です）。

①麺《めん》を茹でます。

フライパンに水４００㏄とオリーブオイル小さじ1と塩小さじ1／6を入れ、沸騰《ふっとう》したら、半分に折ったスパゲティー１００グラム（茹で時間8分のもの）と具材を入れ、中火で8分間茹でます（このとき、大さじ1程度の水分が残るように仕上げるのがポイント！　水2カップを沸かして8分加熱すると、ちょうど大さじ1程度の水分が残り、ほどよく仕上がります。水分が多い場合は強火で水分を飛ばします）。

②ソースを作ります。

ナポリタン

①に、ケチャップ大さじ3、バター小さじ1、コショウ少々を加えて混ぜたらできあがり！　具材は、斜め切りのソーセージ3本、薄切りの玉ねぎ1／4個とピーマン1個など。

カルボナーラ

①に、卵黄1個、牛乳大さじ4、粉チーズ大さじ2を合わせたものを加えて手早く混ぜたらできあがり！　具材は、1センチ幅に切ったベーコン2枚、硬い茎《くき》部分を切って斜め切りにしたアスパラガス2本など。

ペペロンチーノ

①に、薄切りにんにく1／3片分、オリーブオイル大さじ2／3を加えて混ぜ、塩コショウで味を調《ととの》えたらできあがり！　具材として、鷹《たか》の爪（輪切り）1本、薄切りにんにく2／3片分を入れて。しめじ1／3パックを入れても美味しい。

ミートソース

①の水の半量（200cc）をトマトジュース（無塩）に替えます。具材は合挽き肉100グラム、みじん切りの玉ねぎ1／4個分とにんにく1片分、固形ブイヨン1／2個。仕上げに粉チーズ大さじ1を加えて全体になじませ、乾燥パセリをふってできあがり！

①の基本さえ覚えれば、パスタ料理もラクラクです。

56 料理ワザ

メインディッシュと同時に作れる付け合せ

手抜きに見えない！

時短 30 min

メインディッシュの付け合せ、あなたはどうしていますか？　ゆで卵ひとつ、蒸し野菜ひとつ作るのも手間がかかるもの。ちょっとした工夫で食事時間を早くしましょう！

①ご飯を炊きながら……

炊飯器に、米と一緒に卵を入れれば「ゆで卵」が、じゃがいもやさつまいも、カボチャを入れれば「蒸し野菜」がご飯の炊き上がりと同時にできます。入れるときはアルミホイルに包みます。

茹でたじゃがいもと卵をマッシュしてマヨネーズで和えれば「ポテトサラダ」がすぐできますよ。**短縮時間：10分**

②グリルで魚や肉を焼きながら……

空いたスペースに、じゃがいもやにんじん、キノコ類などを並べ入れ、塩を振って一緒に焼けば、立派な「付け合せ」になります。**短縮時間：10分**

③オーブントースターでパンを焼きながら……

忙しい朝、食パンの横に野菜やソーセージを並べて、オーブントースターで一緒に焼いてしまいましょう。洗い物も減らせます。**短縮時間：10分**

57 料理ワザ

カレーベースをいろんな料理に発展させる

献立作りもラクに

時短 20 min

カレーを一度にたくさん作って、2日目はカレードリアに、3日目はカレーうどんにとアレンジさせるのは、もう大抵の人はやっていますよね。でも、カレー味が何日も続くと、さすがに少し飽きてしまいます。

そこで、カレーの調理で時間がかかる肉や野菜を煮るところまではまとめてやり、それを取り分けて味つけを変えることで、時短しながら、何日食べても飽きない料理を作りましょう。

①ベースを作る

まず、豚肉とじゃがいも、にんじん、玉ねぎを、ある程度柔らかくなるまで煮ます。ポイントはこのとき、塩と酒を少々入れること。冷蔵保存が長持ちします。これを大量に煮て、今日食べる分以外の分量を肉じゃが用、ポトフ用と、リメイクする料理別に保存容器に入れ、冷蔵庫で保存します。

これに、市販のカレールーを加えれば基本の「カレーライス」のできあがり。ルーの種類を替えれば「ホワイトシチュー」にも、「ハヤシライス」にもなります。さまざまな料理にリメイクすることも可能です。

リメイク①和風

ベースの水気を切り、和風だしと醤油、みりんを加えれば「肉じゃが」に。逆に水分を足して和風だしと味噌を溶かせば「豚汁」に早変わりします。

さらに、肉じゃがを卵でとじれば「他人丼」に。これが、豚肉ではなく鶏肉だったら「親子丼」になるわけです。

リメイク②洋風

ベースに水分を足してコンソメ顆粒《かりゅう》を加えれば「ポトフ」に変身。ベースの具材を少し小さく切ってから溶き卵、溶けるチーズ、塩、コショウを加え、耐熱皿に広げてオーブンで焼けば「キッシュ」にも！　カレーのベースが、目先の変わったおしゃれな一品になります。

また、保存は必ず冷蔵庫へ！　冷凍庫で凍らせるとじゃがいもの食感が変わってしまうので注意してください。

58

料理《ワザ》

朝食はまとめ調理でラクチン

あと10分眠れる

時短10min

途中まで調理して、まとめて冷凍しておくと便利なメニューがたくさんあります。忙しい朝は、冷凍庫から取り出して仕上げ調理をするだけ！　時間に、余裕ができます。

●ピザトースト

ケチャップを塗った食パンにウインナーやツナ、玉ねぎやピーマン、チーズなどをのせて、1枚ずつラップに包んで冷凍庫へ。これをたくさん作っておき、朝は焼くだけ。食パンは厚みがあるとパンが焼ける前に具が焦げてしまうので、8枚切りを選ぶか、アルミホイルをのせて焼くのがおすすめです。

●おかずホットケーキ

時間のあるときに、ホットケーキミックスに野菜ジュース、ハム、コーン、チーズなどを混ぜ、炊飯器の通常の炊飯モードで焼いておきます。焼き上がったら、カットしてラップにくるんで冷凍庫へ。朝は、電子レンジで解凍するだけです。

●炊き込みご飯でおにぎり

炊き込みご飯は多めに炊き、厚さを薄めにしたおにぎりにしてラップで包み、冷凍しておきましょう。食べたいときに、電子レンジで解凍すればＯＫ。おにぎりだから、お皿や箸も不要で、具が入っている分、栄養バランスも良くなります。

●味噌汁

味噌大さじ1に顆粒だしと乾燥わかめや刻んだネギ、小さく切った油揚げなどの具材を混ぜて丸めて味噌玉を作り、ラップで包んで冷凍します。1玉につき200ccの湯を注げば味噌汁のできあがり。暑い時期は、お椀に味噌玉と小口切りのきゅうり、千切りのシソを入れ、冷水を注げば冷や汁になりますよ。

59 料理ワザ

肉や魚は、パックから出さずに味付けする

洗い物も料理もラクに

時短 10 min

スーパーで買ってきたパック入りの肉や切り身の魚は、パックにのせた状態で味付けをすれば、まな板や皿に移す手間と洗う手間が省けます。

私が実際に作っている料理は、「ブリの照り焼き」「鮭《さけ》のホイル焼き」「ポークソテー」など。

●ブリの照り焼き……

ブリは、パックにのった状態で塩をして5分置き、そのままフライパンで焼いて、醤油とみりんなどをからめて照り焼きにします。

●鮭のホイル焼き……

鮭はパックのまま塩コショウします。その上に小麦粉をふり、バターをのせたらホイルで包み、オーブントースターで15分ほど焼きます。好みで、玉ネギやキノコなどをのせて焼いても美味しいですよ。

●ポークソテー……

ソテー用の豚肉をパックのまま塩コショウしてから小麦粉をふり、フライパンで両面こんがり焼きます。

ほかにも、焼肉用の牛肉にパックのままでタレを揉みこんだり、唐揚げ用の鶏もも肉にパックのまま唐揚げ粉をまぶすなど、「パックから出さずに味付けする」ことを徹底すれば下ごしらえがグッと手軽になります。

料理 60 ワザ

味噌汁作りの“ちょっと面倒”を解決!

チリも積もれば

時短 2 min

味噌汁を作るとき、ちょっと面倒だなぁ、と思っていたことが3つあります。それは、まず味噌のパッケージを開けて、おたまで味噌をすくうこと。味見しながら味噌汁の味付けを調整すること。そして、おたまと菜箸を使って味噌を溶かすこと。

この“ちょっと面倒”があるばっかりに、味噌汁がすまし汁になってしまうことが多かったんです、私。面倒なことがあると、献立のレパートリーも少なくなりますよね。

そんなとき、見つけたのが「味噌ポット」と「味噌マドラー」。買

味噌ポットとは、市販の味噌のパックを、ふたも薄紙も取った状態でおいしく保存できるふた付きポット。味噌のパッケージがワンタッチで開閉できるように

楽に味噌汁が作れる便利グッズ

味噌マドラーと味噌ポットで味噌汁を作る回数が増えました。洗い物もラクチンです。

なるので、開けて味噌をすくうのが、とってもラクになります。

そして味噌をすくうときには「味噌マドラー」を使います。小さな泡だて器のような形をしていて、味噌の中に差し込んでクルリと回転させると、大さじ1もしくは大さじ2がすくえます（商品によって異なります）。そして、そのまま、鍋の中でクルクルさせると、味噌がきれいに溶けるんです。

この便利グッズ2つで、〝ちょっと面倒〟がなくなり、時短にも見事成功です！

61
料理ワザ

野菜の下ごしらえの順番は？

洗い物もラクに

時短2min

にんじんや大根、じゃがいもなどの野菜の下ごしらえをするときは、まず野菜を洗ってからピーラーで皮を剝《む》きますよね。

私は、この順番を逆にしています。

最初に野菜を洗うと、付着した土をゴシゴシと洗い流すのに時間がかかりますが、皮を剝いてから洗うと、サッと水で流すだけで充分！

野菜の泥をゴシゴシするより、後でピーラーや包丁についた泥を落とす方が時間もかからず、簡単です。

ただし、剝いた皮できんぴらなどを作る場合は、先に洗ってくださいね。

62 料理ワザ

少量の出汁《だし》をとる方法

覚えておくと便利

時短 3 min

手軽で便利な顆粒出汁。でも最近は、本格&健康志向ブームなので使わない人もいるのでは？

でも、お浸しや酢の物などに出汁をちょっとだけ使いたいときは困ってしまいます。少量のために、鍋で出汁をとるのも面倒くさいし。

そんなときは、茶こしに鰹節《かつおぶし》を入れて湯を注ぐだけで、簡単に出汁をとることができます。

作り方ですが、花かつお1パック（5グラムくらい）を茶こしに入れ、その上から1カップ（200cc）程度のお湯を注ぎ、そのまま2分ほど浸せばできあがりです。この方法で、1杯分だけお吸い物を作ることもできますし、覚えておくと便利です。

63 料理ワザ

洗い物が少ないお手軽根菜サラダ

子供でも作れる

時短 5min

健康のために、簡単に根菜を食べたいけれど、サラダ用に千切りにしたり、煮物にするのはなかなか大変……。

そんなときには、ピーラーを使って作る、お手軽サラダがおすすめです。

大根やにんじんなどを、皿の上でピーラーを使って、皮を剝く要領でシュルシュルとリボン状にしていきます。そこに好みのドレッシングをかけるだけで、見た目もかわいい「リボンサラダ」のできあがり!

包丁やまな板を洗わなくてもいいですし、なにより、この方法なら料理が苦手な家族もお手伝いが簡単にできます。

64 料理ワザ キッチンばさみで、あれもこれも切る

イライラが減る
時短 3 min

肉や魚を切ったあとに野菜を切るとしたら、その都度、包丁とまな板を洗わないといけません。熱湯消毒をする、という人もいるそうです。これ、案外面倒くさいし、時間のロスだと思いませんか？

だから、私はキッチンばさみを使っています。買

キッチンばさみ、侮《あなど》ることなかれ！　野菜だけでなく、肉や魚もスパスパ切れるんです。ネギをちょんちょんと切って薬味に、青菜をザクザク切って味噌汁の具に、鶏肉をひと口大に切って唐揚げ用に。日常の調理で包丁でやっていることを、キッチンばさみでかなりカバーできます。

他にも、貝割れ大根やえのきなどのバラバラになりがちな野菜や、油揚げなどベタベタするもの、キムチのようにまな板に色が付いてしまうもの、春雨やしら

たきなど包丁で切りづらいもの……あれもこれも、はさみで上手に切れます。

さらに、たこ、いか、ワカメ、鶏ささみの筋取りなど、包丁よりキッチンばさみの方が切りやすいものもかなりあるんですよ。

使ったら、刃先を洗剤で洗うだけ！　洗い物も断然、少なくなって、本当に便利です。

まな板が汚れそうなものを切るときは、ぜひキッチンばさみが使えないか考えてみては？

65 料理ワザ

缶詰を利用して料理を作る

献立のレパートリーも増える

時短 10 min

最近、見直されている缶詰。テレビや雑誌でも特集が組まれるほどの人気です。味もよく、栄養価も高いとなれば、これを利用しない手はありません。すぐに食べられるサバやいわしの照り焼き、焼き鳥の缶詰などをそのまま食卓に出してもOKですが、ちょっと手を加えるだけで、立派な夕飯の一品になります。

①鮭缶を使って

皿に出し、その上に玉ねぎの薄切りをのせ、ぽん酢とオリーブオイルをかけると、ちょっとおしゃれな酒のつまみに。

②サバの水煮缶を使って

サバの水煮缶の中にきゅうりの薄切り、みょうがなどを入れ、味噌を溶かし入れると即席の冷や汁に。加熱も不要です。

③ビンのなめたけとツナ缶を使って

2つを米と一緒に炊飯器に入れ、炊き込みご飯に。

缶詰を「味の付いた加熱済みの食材」と捉え、野菜などと組み合わせると、レシピの幅も広がります。

66
料理ワザ

肉の扱いはトングを使う

不器用さんにおすすめ

時短 1min

肉料理、例えば、ポークソテーを作るときの手順は……。

①冷蔵庫から肉を取り出しバットに並べる。
②両面に塩コショウをし、手で軽くなじませる。
③小麦粉をつける。
④フライパンにサラダ油をひく。
⑤肉をフライパンに並べる……。

だと思いますが、実際に作る場合には、

①冷蔵庫から肉を取り出しバットに並べる。↓手を洗って塩コショウのビンを手に取る。

②両面に塩コショウをし、手で軽くなじませる。↓手を洗って小麦粉の容器を持つ。

③小麦粉をつける。↓手を洗ってフライパンとサラダ油の容器を持つ。

④フライパンにサラダ油をひく。

⑤肉をフライパンに並べる。↓手を洗う。……

このように、料理中には手を洗うことって、結構多いですよね。肉に触った手で、塩のビンや小麦粉の容器、フライパンなどを持ちたくないから。

そこで、触ると手を洗わないといけないものは素手で触らずに、トングを使うことで、手洗いの時間を短縮しましょう。

私が実際に使っていて、おすすめなのは「オークス・レイエ　ゆびさきトング」や、ピンセットが大きくなったような形状の「焼肉用トング」。買

ゆびさきトングは肉を取り出すときや持ち上げるとき、包丁やキッチンばさみ

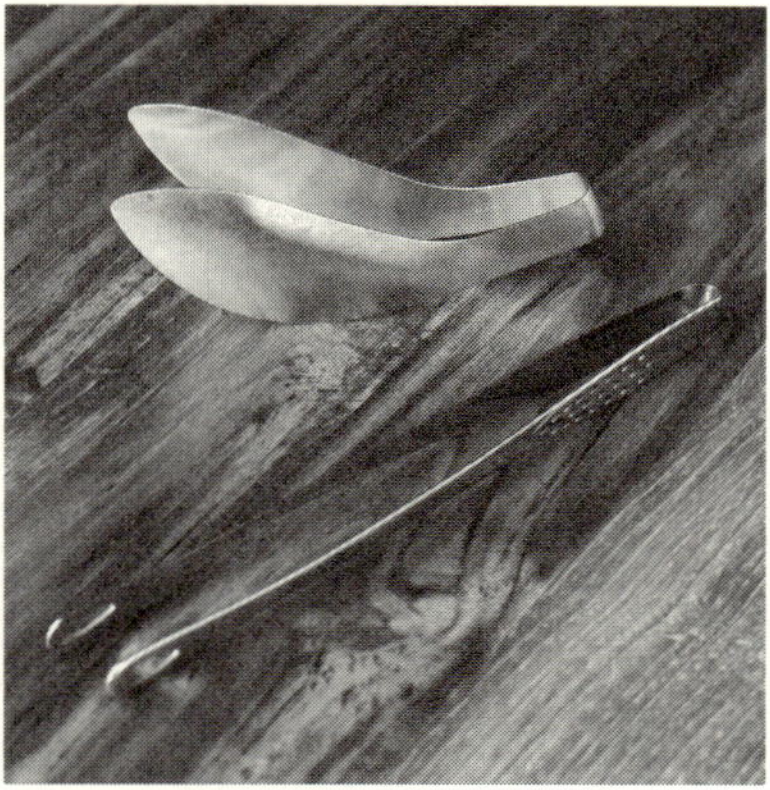

トング使いで手洗い時間を短縮

トングを使うことで、手洗い時間を短縮できるだけでなく、揚げ物などの熱いもの、ニンニクなど臭うものを切るときも素早く、便利に。

で肉を切るときに端っこを押さえるのにも重宝しますし、箸だと切れてしまう薄切り肉などを一枚一枚きれいに剝がすのが得意です。

また、トングは朝食時にも大活躍します。トースターから熱々のパンを取り出したり、パンやウインナーをカットするときに動かないように押さえたり、シュレッドチーズ（ピザ用など、小さく刻んだり削ってあるチーズ）を袋から出すときなど、手の代わりに大活躍します。野菜やフルーツの盛り付けなどにも使え、使い終わったら食器類と一緒に食洗機で洗うことも可能です。

これらの作業は、お箸などでももちろ

んできますが、こういった道具を使うことで落としたりの失敗が少なく、不器用な人でもストレスを感じずに作業ができるのでおすすめです。

また、手を洗う回数が減ることで節水にもなりますし、それ以外でも、冬場の手荒れ防止にも役立ちます。

興味のある方は、ぜひ生活に取り入れてみてくださいね。

67
料理ワザ

賞味期限は油性ペンで管理する

チリも積もれば

時短1min

賞味期限は、頭で覚えるのではなく、一目で分かるようにしておきましょう。

冷蔵庫に油性マジックを1本入れておき、保存容器や開封した食品などに、日付を書いておくのがおすすめです。

卵など、個数が多いものの場合は、いちばん奥の1個だけに日付を書き、手前から使っていきます。最後に残る奥の1個が代表して賞味期限を表示してくれます。納豆の3コパックなども一番下の1個に日付を書いて、上から使っていきます。

ふたや容器の裏面に賞味期限が印字してあるヨーグルトなどは、ひっくり返して確認しなくてすむように、前面に大きく日付を書いておくと分かりやすく、使い忘れがなくなります。

保存容器にも、油性マジックでふたなど見やすい場所に文字を大きく書きこんでおきます。

えっ、保存容器に油性ペンで文字を書いたら、1回で捨てなくちゃいけないんじゃないの？　と心配になると思います。

ところが！　保存容器などに書いた文字は、手指消毒用アルコールで拭けば簡単に落とすことができます。

あらかじめ、容器の目立たない部分で試し、問題がないことを確認してくださいね。

68
料理ワザ
朝食には仕切りプレートを使う

ゆっくりお茶が飲める
時短 5min

朝は、栄養バランスのよい食事を用意したいけれど、忙しくて適当にすませてしまいがちに……。そんなときは、一目で栄養バランスがチェックできる、「3つに仕切られたお皿」を使うのがおすすめです。

3つに仕切られていることで、エリアのすべてに何かのせようという意識がはたらき、自然にバランスが整って、朝食メニューが充実するんです。ワンプレートだから、洗う手間も1／3に！

仕切りプレートを使った栄養管理の方法は……。

●いちばん広いところ＝（主食）炭水化物エリア

ご飯やパン、麺など、炭水化物がメインのものを盛り付けます。炭水化物は、

1日を元気に過ごすために必要なエネルギー源です。

●上の右側＝（主菜）たんぱく質エリア

ソーセージや卵料理、和食派なら魚の切り身や豆など、たんぱく質を盛り付けます。たんぱく質は、体を作り、脳の働きも活性化させるので、欠かせない栄養素です。

●上の左側＝（副菜）ビタミン・ミネラルエリア

野菜や海草類などを使った、サイドメニューを盛り付けます。ビタミンは他の栄養素の働きを助け、ミネラルは体の機能の調整に使われます。

3つのエリアすべてに食べ物がのっていれば、栄養バランスはバッチリ。ここに、さらにフルーツがプラスされれば完璧です。

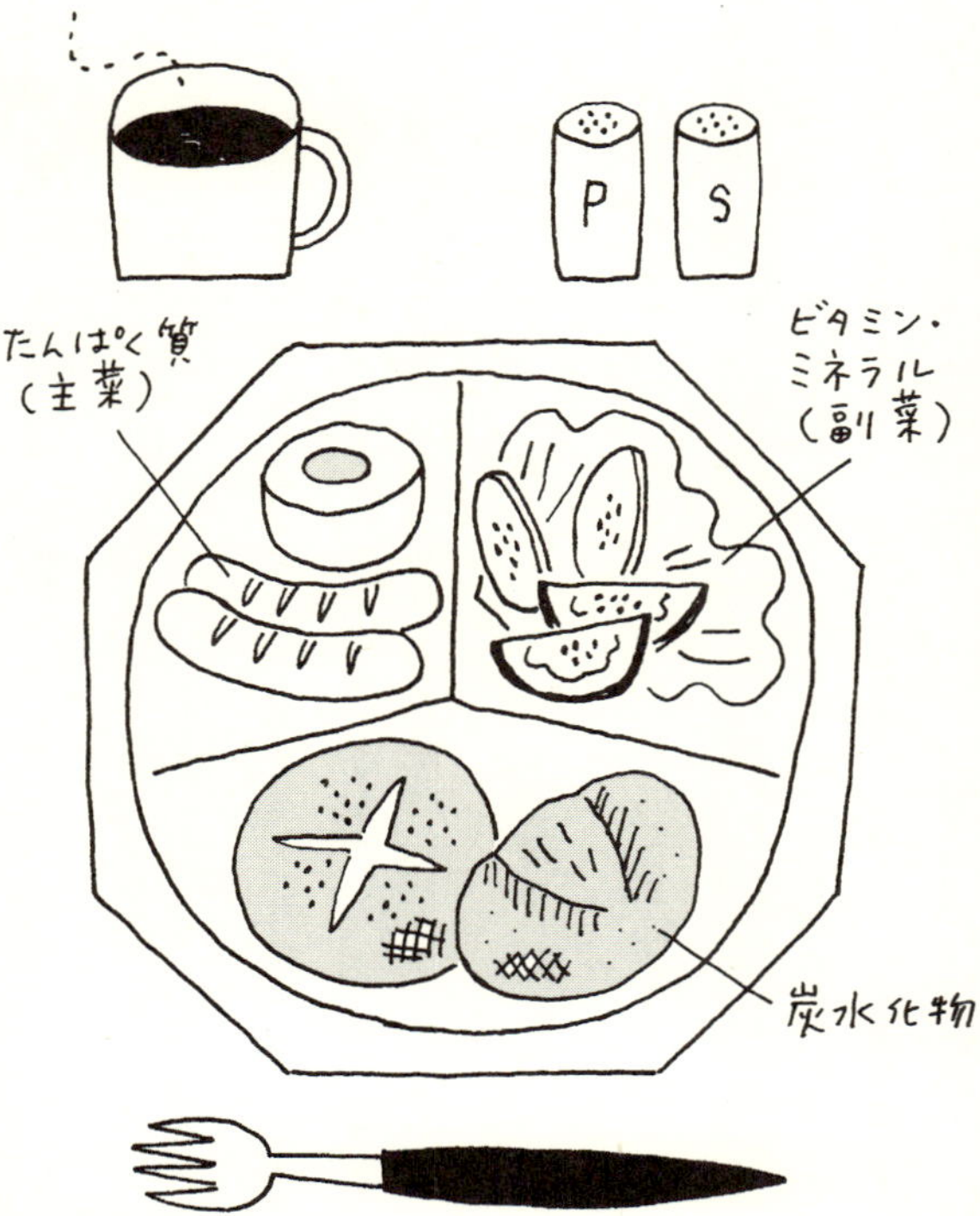

3つのエリアで栄養バランス◎！

朝食には仕切りプレートを使い、エリアすべてに食材がのるようにすれば栄養のバランスがよくなります。

69
料理ワザ たくさんあると便利な調理グッズ

イライラが減る
時短 6 min

物は、少ない方がいい！　これは、家事を効率よくするための鉄則です。しかし、ある程度、数があったほうが効率がよくなるものもあるのです。それは、調理中に繰り返し洗って使うものたち。

①菜箸

食材をかき混ぜては、ちょっと洗い、料理を皿に盛っては、ちょっと洗い、炒め物をしては、ちょっと洗い……。料理中、何度も使う菜箸。

この〝ちょっと洗う〟をなくせば、もっと効率よく作業ができます。ある程度、数を揃えておいて、一度使ったら即シンクへ、を習慣にしましょう。調理後に、菜箸一膳洗うのと、数膳洗うのと、手間はそれほど変わりません。

揃えるのなら、長い菜箸より短めの菜箸のほうが断然便利です。私は竹でできた食事用の箸を菜箸として使っています。使いやすいし、場所も取りません。**短縮時間：2分**

②計量スプーン

これも、菜箸同様、何度も洗っては使うもの。大さじと小さじ、それぞれ3本ずつはあると便利です。

新たに買う場合は、深めのスプーンを追加するのもおすすめ。浅めのスプーンだと液体をこぼしてしまうことがあるので、効率が悪いからです。**短縮時間：2分**

③少し深さのある小皿

切った食材を取り分けておいたり、調味料を混ぜるときや少しだけソースを作るときなどに便利なのが、深さのある小皿。調理中のおたまやしゃもじの置き場所になったり、スープの味見をしたり、その用途は千差万別です。

これも菜箸同様、ちょっと使ったら、すぐシンクへGO！　同じ形の重ねられる物で揃えれば、収納に場所も取りません。**短縮時間：2分**

①と②については、キッチンに水を入れたコップを置いて、使ったらそこに漬けてじゃぶじゃぶと洗って汚れを落とし、またそこから使うという方法もあります。

70

料理ワザ

保存容器で、調理、盛り付け、保存！

心にゆとりが

時短 3 min

レシピによく「材料をボウルに入れて」と書いてあります。でも、それって、本当にボウルでやる必要があるの？　そう気づいてから、私はボウルではなく、保存容器で和え物などの調理をしています。保存容器で調理をして、そのまま食卓へのせれば、盛り付けの手間がかかりません。

そして残ったら、保存容器のふたをしめて冷蔵庫で保存します。これで食器から保存容器に移す手間もかかりません。

見映えのいい保存容器があれば、調理、盛り付け、保存が、保存容器ひとつで完了です。

ひとつだけ注意してほしいのが、食卓にのせるときは衛生面を考えて、直箸ではなく取り箸を添えてくださいね。

71

料理ワザ カトラリーセットを使って出し忘れをなくす

イライラが減る

時短 1 min

食事をしている最中に、「スプーンがない」「醤油の小皿がない」と取りに行くことってよくありますよね。でもこれって、とても非効率。

それなら、必要なものははじめからひとつのカゴにまとめて「カトラリーセット」を作り、食事のときにはカゴのままテーブルに出しましょう。

そうすれば、この献立にはどのカトラリーが必要か、いちいち考えなくて済みますし、忘れてわざわざ取りに行くこともなくなります。

我が家では、箸、スプーン、フォーク、小皿をひとつのカゴにまとめています。このようにまとめておけば、小さなお子さんでもお手伝いで出すことができますよ。

72 料理ワザ
袋に入った調味料はケースに移す

チリも積もれば　時短1min

砂糖や塩は調味料ケースに移しても、だしや鶏がらスープの素、片栗粉、乾燥わかめなどは、パッケージの袋のまま使っている人も多いのではないでしょうか。

使うたびに袋を開封するのは、意外と手間がかかります。

こういったものも、片手で開閉できるような容器に移し替えることで、細かな手間や時間が削減できます。買

同じように、醤油やみりんなどの調味料のボトルも、ねじ式ではなく、ワンタッチで開閉できるタイプを選ぶのがおすすめです。

それから、調味料ケースには、計量スプーンも入れておきましょう。計量スプーンを取り出す手間が省け、その都度、スプーンを洗う必要もなくなります。

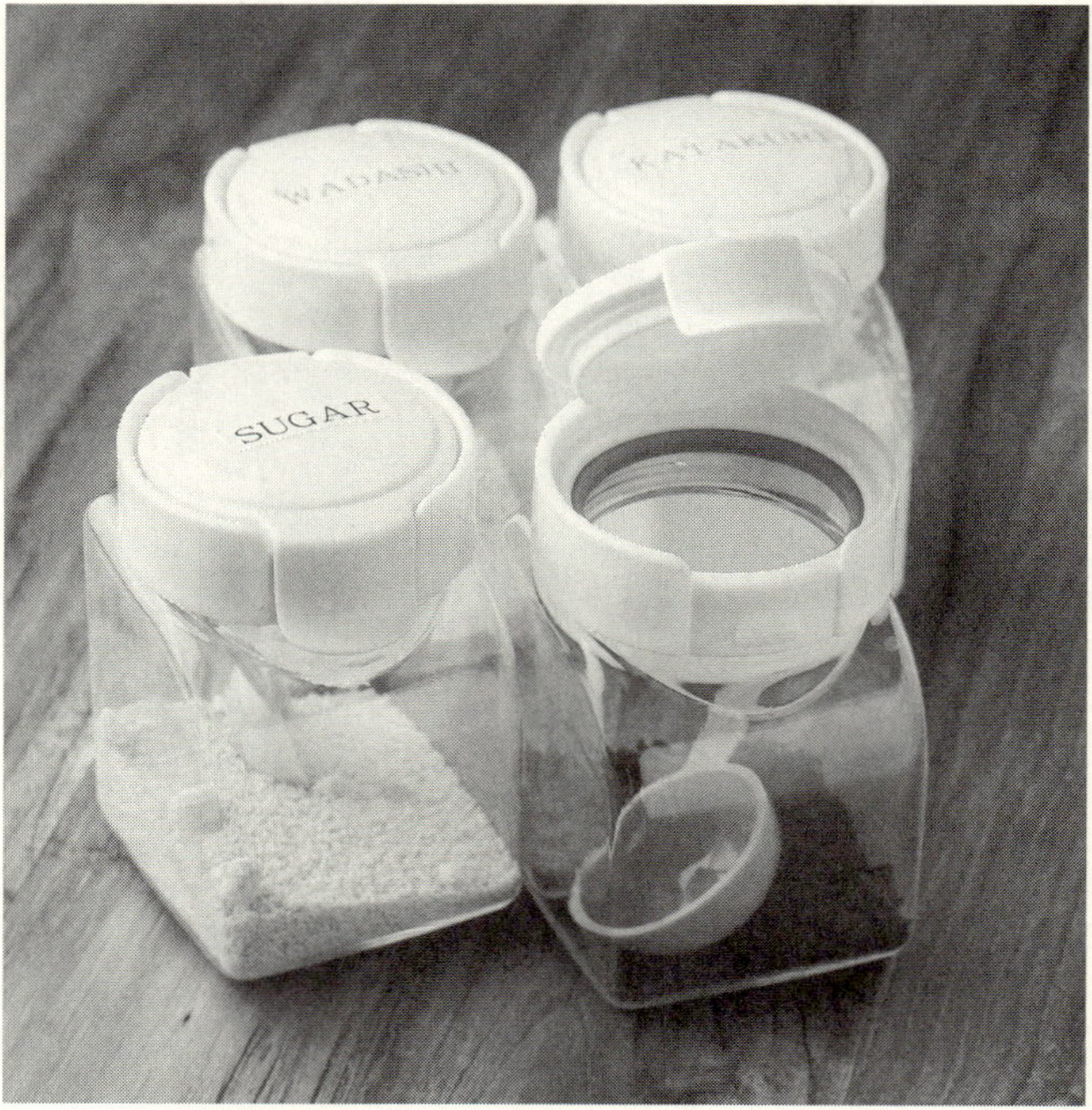

ワンタッチ開閉の調味料ケース

片手で開け閉めできるワンタッチタイプのケースに小型の計量スプーンを入れておけば細かな手間が省けます。

73 料理ワザ

小麦粉、片栗粉の保存はふりかけ容器で

洗い物も減る！

時短 2 min

ムニエルを作るとき。小麦粉を取り出し、スプーンですくってバットに広げ、魚に薄くつけていきますよね。小麦粉や片栗粉などの粉物を食材にまぶすときは、たいてい、こうした一連の動きをします。ちょっと面倒！　塩やコショウは、片手でパッパッとできるのに……。

ならば、粉物も片手でパッパッとできるように、と考えたのが、ふりかけのビンに入れて保存することです。上部の穴から少しずつ出るから、多めに取った粉を最終的には捨てる、ということもないので、小麦粉なども無駄にしません。

74

料理ワザ

スパゲッティーはペットボトルで保存&計量

知っておくと便利

時短 1 min

スパゲッティーは、空いたペットボトルに入れておきましょう。サイズは、1・5リットルか2リットル。保存に便利なだけでなく、なんと計量もできてしまうのです。

逆さにしてスパゲッティーを取り出すと、出てくる量は、少なめの一人分の約80グラム。この量が絶妙で、丁度いいんです。というのも、雑誌の料理ページやイタリアンのレシピブログなどでは、一人前が80グラムと表記してあるものが多いからです。もし多めに食べたいなら、出てきた量を目安に追加すればOK。

これで専用の保存ケースを買う必要もありません。

75
料理ワザ うっかりミスをなくす便利グッズ

イライラが減る
時短3min

料理を作っていると、食材を落としたり、汁をこぼしたりすることがよくあります。

そういったミスをすると、食材を拾ったり、調理台を拭いたりの手間がかかり、調理作業も止まってしまうので、余計な時間がかかります。そういった無駄な時間をなくすために、調理のミスが防げるような工夫をしましょう。

たとえば、

●食材を落とさない

まな板の上で切った食材を鍋に入れるときに、まな板からこぼれた食材を洗い直したり、それで汚れてしまったコンロを拭いたり……ということがよくありますよね。

そういったミスを減らすには、シリコン製のような、柔らかいまな板を使うのがおすすめです。よくしなるまな板なら、食材をこぼさず鍋に入れることができるので、ケアレスミスがなくなります。(買)

●汁をこぼさない

汁物をよそうときに、お椀《わん》からこぼれてしまうことがよくあります。こういったミスをなくすには、「片口レードル」が役立ちます。「片口レードル」は、ふちに注ぎ口がついたおたまのこと。注ぐ部分がこぼれにくいよう尖《とが》っているので、正確にお椀に注げる可能性が高くなります。ファミリーレストランのスープバーなどでもよく使われていますよね。

家族に違う利き手がいる場合は「両口レードル」といって、両側が尖っているタイプが便利ですよ。

76 料理ワザ

「保存容器」の最適な収納方法

管理がラクチン

時短 1min

便利な「保存容器」ですが、それ自体の収納には困っている方も多いようです。私が実践している収納方法3つをご紹介しましょう。

●容器を同じシリーズで揃える

ときどき、「保存容器は、ふたをした状態で収納しましょう」と書かれた本などをみかけますが、これは「別々に収納すると、いざ使うときにふたを探すから」というのが理由のようです。

でも、これだと収納場所を取りますよね。

ですから、保存容器は同じ種類のもので統一しましょう。そうすればふたはどれも同じですから、探す手間がかかることはありません。また、ふたが壊れたときにも、わざわざ買い直す必要がなく、どのふたでも対応できて便利です。

●重ねられるタイプを選ぶ

「保存容器」は深さがあるので、重ねられないタイプを使うと、かなりのスペースをとってしまいます。しかし、積み上げて収納すると、底の方の容器が取り出しにくく、だんだんと使われなくなってしまいます。

保存容器を購入する際には、スペースをとらない「スタッキング（重ねられる）」タイプが断然おすすめです。

●「保存容器 in 保存容器」にする

私は、前述したように保存容器を重ね、さらに「大きな保存容器」を重ねた中に、「小さな保存容器」を重ねたものを入れて収納しています。それによって収納スペースが、よりコンパクトにできますよ。

77 料理ワザ

ランチョンマットを上手に活用しよう

チリも積もれば 時短1min

みなさんはランチョンマットを使っていますか？

ランチョンマットはもともと、テーブルに傷がつくのを防いだり、テーブルと食器がぶつかって音がでるのを防ぐためのもの。でも実は、食事の後片づけの時短にも役立つんですよ。

おすすめのランチョンマットは、ビニール製など撥水《はっすい》素材のもの。布だと汚れを吸ってしまったり、洗うのに手間がかかりますが、これならベタベタするソースなどをこぼしてしまってもサッと拭くだけで洗濯不要。

パンくずなども、ランチョンマットごとはたけば、簡単にきれいにできます。

食べこぼしを片づけるのも、ランチョンマットを敷いておけば簡単です。ダイニングテーブル全体を拭くのは大変ですが、ランチョンマットの上だけならササッと拭けるので、時短になります。

また、料理の色合いが地味だったり、昨日と同じような献立でも、ランチョンマットを工夫することで、テーブルの雰囲気がよくなるのもいいところです。

78 料理ワザ

三角コーナーは撤去する

清潔さもアップ!

時短 10 min

三角コーナーはそれ自体の掃除に手間がかかるので、私はおすすめしていません。三角コーナーは撤去して、その代わりに簡易ゴミ箱を作って調理台の上に置きましょう。

簡易ゴミ箱は、家にある小さいボウルやジップロックコンテナなどの保存容器にポリ袋をかぶせたものでOK。野菜の皮などのゴミはシンクに流さず、ここに捨てるようにします。生ゴミ用とプラスチックゴミ用を分けたい場合は簡易ゴミ箱を2つ用意して分けながら捨てましょう。

食事後に食器洗いが終わったら、ポリ袋の口を縛って、大きなゴミ箱に捨てれば片付けは完了! これで三角コーナーを掃除するストレスから解放され、ゴミ処理も格段にラクになります。

めんどくささを解消

時短 5min

79 料理ワザ

カレー鍋はコレで簡単にきれいにする

カレーを作った鍋は、ベタベタしていて洗うのに手間がかかりますよね。でも、手軽にきれいにできる方法がいくつかあるので試してみてください。

■大きめのスクレーパーでしっかり取り除く

おたまでは取りきれない残ったカレーも、大きめのスクレーパーなら余すことなく取り除けます。

私が使っているスクレーパーは「PEKKA　くじらのスクレーパー」という商品。鍋のカーブにもしっかり沿って取れるので、食べられるカレーの量も増えて一石二鳥です。買

■小麦粉できれいにする

カレーを作った鍋が熱いうちに小麦粉を振りかけます。そして、小麦粉をかけた鍋の内側をそぎとるようにして、カレーを取り除いていきます。カレーが混ざった小麦粉を廃棄して終了です。

揚げ物を作ったときに残った小麦粉などを保存しておくと、こういったときに便利です。賞味期限が切れてしまった小麦粉があれば活用できますね。

■カレーを使った料理を作る

カレーがついたままの鍋を使って、「カレー風味のスープ」や、「カレーうどん」「カレー風味のリゾット」などを作ります。水分の多い料理を作ったあとの鍋は断然、洗いやすくなります。

例えば、こんなレシピはいかがでしょうか?

●たっぷりネギのカレーうどん

①カレー鍋に水を加え、煮立てます。

切れていませんか？

それから、おしゃれなキッチングッズ。かっこいいオイルポットや、可愛いお菓子の型。でも、結局使いづらかったり、洗うのが大変で、戸棚の奥にしまわれたままになっていませんか。

通販で見た便利グッズもそうです。すごく料理が美味しくなるという落とし蓋《ぶた》や、ゆで卵を面白い形に切ったりするカッター。低速で栄養を壊さないというジューサー。一度使ってみたときは楽しくても、結局毎日使うのは面倒で、これも戸棚の奥へ……。

調味料は、使うときにいちいち探して賞味期限をチェックするのは時間がかかりますし、戸棚の中に不要なものがあると、管理に手間がかかるうえに、廃棄するのも負担です。

それならまず、今あなたが持っているものを有効活用する方法を考えましょう。

つまり〝代用〟。「ほかの使い方ができないか？」を考えるクセをつけるのです。たとえば、こんな感じに……。

●少しだけ必要な、ふだん使わない調味料

①白ワイン……日本酒で代用。
②ワインビネガー……酢で代用。
③甜麺醤《てんめんじゃん》……味噌＋砂糖（3：1）で代用。

●また、調理道具も……。

①オイルポット……空き瓶で代用。
②お菓子の型……牛乳パック、紙コップ、菓子缶、アルミホイル等で代用。
③落とし蓋……穴をあけたアルミホイルやキッチンペーパーで代用。

やってみると、「これで充分！」と思うことも多いはずですよ。

に水と少量の洗剤、左のボウルにはあまり汚れていない食器を入れます。汚れのひどい食器はあらかじめスクレーパーなどで汚れをぬぐい取ってから、右のボウルに入れます。

②最初に左のボウルの中のあまり汚れていない食器を洗い、シンクに重ねていきます。上から水をかけてすすぎ、水切りカゴに入れます。

③左のボウルの食器をすべて洗い終わったら、右のボウルの中の食器を洗剤で洗い、左のボウルの中に入れていきます。

④さらに流水ですすぎ、水切りカゴへ。

洗い桶はシンクの場所ふさぎになって調理の邪魔になったり、放っておくとヌメリが出るなど手入れが必要になるので使いません。ボウルなら他の調理にも代用できるので便利ですよ。

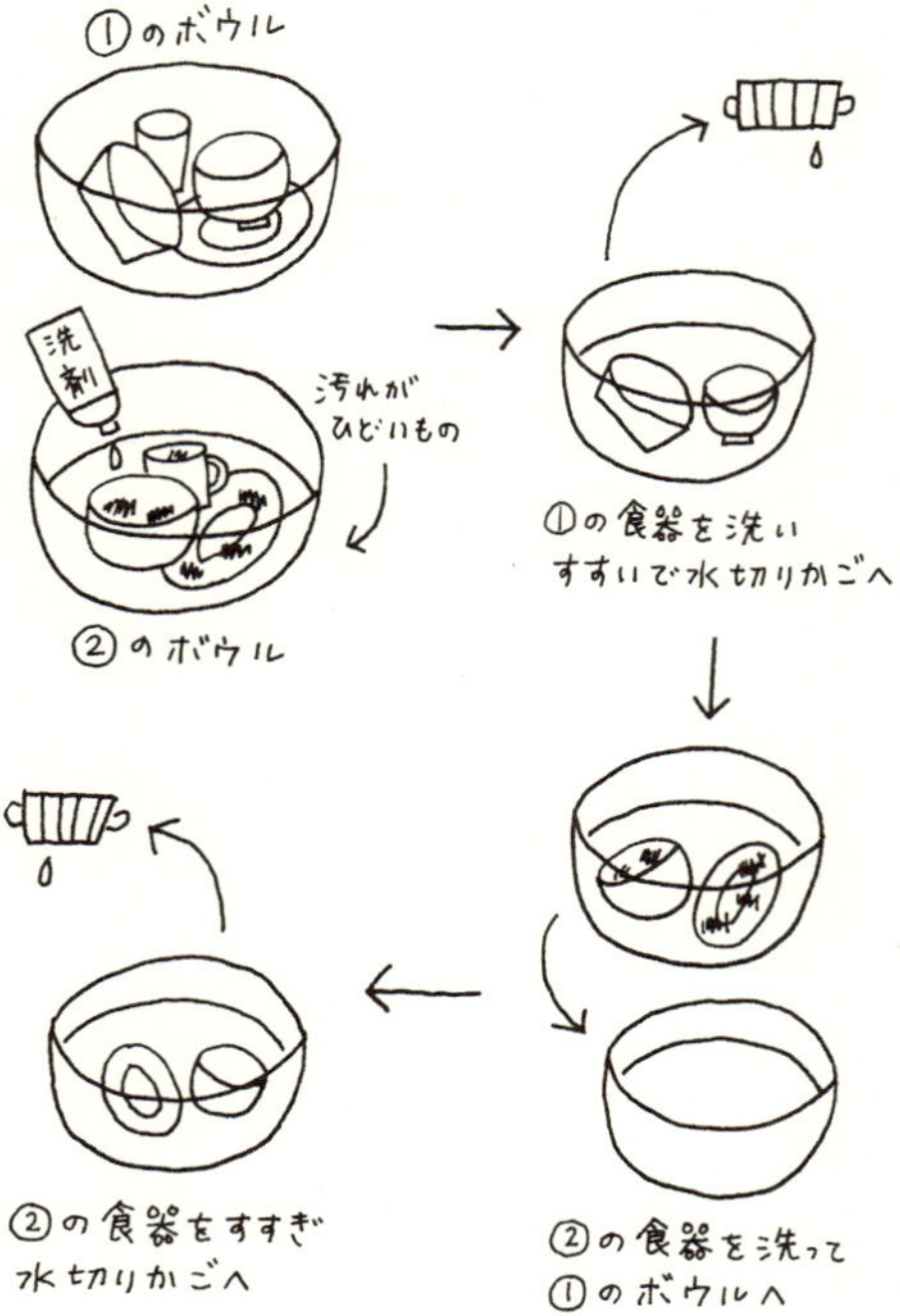

食洗機の代わりに時短・洗い物術

油汚れありのものと油汚れなしのものを必ず分けることがポイントです。２つのボウル使いは節水にも効果的。

5章 その他編

基本にプラスすれば、効果絶大！
知っていると知らないとでは大違いの
時短ワザをお伝えします。

83

その他ワザ 家電レンタルサービスで家電の失敗をなくす

テレビも観られる

時短 30 min

家事を大きく効率化してくれる家電ですが、買ってから、「失敗した！」と後悔することもありますよね。使い勝手が悪くても、気持ち的に捨てられず、単なる場所ふさぎになってしまうことも……。

時短のための家電選びは、まず使ってみるのが一番です。

そこでおすすめなのが、リスクが恐くて購入を迷う家電、例えば、自動掃除機、スチームクリーナー、高機能炊飯器、ホームベーカリー、高圧洗浄機、布団専用ダニクリーナー、ノンフライヤーなどを、〝お試しレンタル〟してから購入する方法です。

今は、そうした便利な業者がたくさんあるんですよ。ネットで「家電　お試しレンタル」と入力して、あとはレンタル料を比較して決めるだけ！

レンタルすることで、「どのメーカーにするか」「どの機種にするか」も決定しやすくなりますし、家族が購入にいい顔をしなかった家電も、レンタルをしてみたら気にいった、なんて可能性もあります。

納得してから購入すれば、失敗はゼロです。

84

その他ワザ

新聞は電子版にすれば管理コスト不要！

束ねる必要なし

時短 10 min

大切な情報源である新聞。テレビやネットのニュースとは違う記事も本紙には多く掲載されていますし、お子さんの教育にも役立ちます。

でも、毎朝来る新聞紙の束を置いておく場所も必要ですし、毎日片づけたり、まとめて回収に出したりするのが大変です。

そこで、おすすめなのは、新聞を電子版で読むこと。そうすることで、読み終わった新聞紙の管理が不要になりますし、溜まった新聞紙を束ねて回収に出す手間もありません。

また、コストが安くなるのも、大きな魅力です。料金は各新聞社さまざまですが、基本的に電子版の方が安く、なかには無料で読めるものもあります。

さらに、新聞によっては、情報入手が速くなります。必要な情報を選択したり、欲しい記事を検索したり、気になる記事だけを自動的に収集することもできます。

スマホやタブレットを使えば、いつでもどこでも、スマートにニュースをチェック！　出先で新聞を広げて読む、なんてこともなくなります。

何かの作業で新聞紙が必要になるときは、近くのスーパーやお店などで包装紙としてもらえる新聞を少しだけ取っておいて活用したり、毎月届く無料のタウン新聞を活用すれば事足りますよ。

85
その他ワザ

スマホのマイレシピブックで買い物も時短

スマホを家事に活用

時短3min

献立を考えるのに、レシピサイトや料理本を参考にすることが多いと思いますが、集めたレシピをどこに保存するかは悩みの種ですよね。プリントアウトして紙で管理すると場所を取るし、探すのにも時間がかかります。

そこで、スマートフォン上に、自分のお気に入りレシピだけを集めた「マイレシピブック」を作ってしまいましょう。これなら保管場所も取らず、見たいレシピを一瞬で取り出すことができますよ。

■マイレシピブックの作り方

使うのはスマートフォンと「Evernote」というアプリケーション。まずは「Evernote」をダウンロードします。

「Evernote」でレシピブック

「Evernote」は情報の記録に役立つアプリ。気になったもの・ことをすぐメモできます。PCとも同期できます。

そして保存したいレシピがあったら、料理本の場合はカメラ機能で撮影、レシピサイトであれば、保存したい画面のキャプチャをスマホで撮って、「Evernote」の新規ページに貼りつけて保存します。

保存したレシピには、料理名、使っている食材や、料理の種類、その料理を好きな家族の名前などのキーワードを入力します。例えば、「副菜」「鶏肉」「おつまみ」「はなこ」といった感じです。

こうすることで、冷蔵庫にある食材からレシピを検索したり、家族の好みから検索したりと、希望通りのレシピをすぐ表示させることができます。料理中の閲覧や、外出先での献立決めもラクラクです。

86
その他ワザ

買い物の「迷う時間」をなくす

節約にもなる

時短 3 min

スーパーや薬局、ホームセンターで買い物をするとき、「ほかならもっと安いかも」と迷ってしまうことはありませんか？　この時間、もったいないですよね。何軒も店をハシゴして、価格を比べるのも大変です。

そんなとき、私は、価格比較アプリ「ショッピッ！」を使っています。

「ショッピッ！」は、欲しい商品のバーコードを読み取るか、商品名を入力するだけで、Amazonや楽天市場、Yahoo! ショッピングなど、提携39サイトから最安値を簡単に探してくれるという画期的なアプリです。

例えば、フライパンが欲しいとしたら、商品名を入力したり、バーコードをスマートフォンで読み込むと、店ごとのフライパンの価格が表示されます。それを見て、最安値のお店で商品を購入することが可能です。

特に重いものを購入するときは、ネットを上手に活用したいものです。

また、「この商品の使い心地は大丈夫?」と心配なときは、価格と一緒にその商品の評価や口コミも読んでみましょう。思いがけないメリットやデメリットに気づき、購入の失敗が減りますよ。

※「ショッピッ!」は無料のアプリケーションで、iPhoneとAndroid端末に対応しています。

87

その他ワザ 人感センサー付き電球を活用する

イライラが減る

時短 10 sec

荷物をたくさん抱えていたり、子供を連れていたり、雨に降られてしまったときは、暗い玄関で電気のスイッチをさぐるのはちょっと面倒臭いですよね。

そんな不便さを解消するために、玄関の電球を人感センサー付きのものに替えてしまいましょう。器具はそのままで、電球だけ替えればいいので簡単です。

宅配で重い荷物を受け取ったときも、玄関に戻る必要なしに、そのまま室内に入れます。消えるのも自動なので、よく電気を消し忘れてしまう人にもおすすめ。「消したかしら?」と、戻って確認する必要がなくなりますよ。

ちなみに、この電球は、スイッチに手が届かない小さなお子さんにも役立ちます。電気をつけるためだけに、子供のトイレに付き添っている親御さんも、トイレの電球を替えれば問題解決。これも立派な時短です。

88
その他ワザ

冬の寒い時期も家事を快適にしよう

健康にもよい影響が!?

時短5min

家の中が寒いと、家事をするのが億劫になったり、スピーディーに動くことができなくなります。冬は、家の中をあたたかく快適にして、家事をスムースにスタートできる環境を作りましょう。

■窓を見直す

部屋の冷気の約半分は窓からやってきます。暖房を強くかけても、窓から冷気がどんどん入ってくる状態では意味がありません。室内の温度を外に逃がさないため、床に隙間ができない長さの厚手のカーテンを取り付けると、冷気が入ってくるのを防げます。晴れた日はカーテンを開けて太陽光で室温を温め、日が落ちる前に、カーテンは閉めましょう。

窓ガラスに、「断熱シート」や「発熱シート」を貼るのもおすすめ。外気が入ってきそうな隙間をなるべく塞《ふさ》ぎ、部屋のあたたかい空気を保てるようにするのがポイントです。

■ひんやり感をブロックする

フローリングには、カーペットやラグなどを敷き、スリッパも冬用に替えて、直に伝わってくるひんやり感を徹底的にブロックしましょう。

■視覚効果であたたかく

冬はカーテンやカーペット、椅子カバーなど目に入るものを暖色系の色にすると、視覚であたたかさを感じることができますよ。

本書の時短便利グッズ、その場で買えます！

読んだその場で携帯・スマホから
商品のチェック・購入ができる
ページを作りました。著者が実際に
使って効果があったものだけを厳選。
空き時間にサクッと家事の合理化、完了！

買……このマークが付いているものを
サイトで紹介しています。

★URL はこちら

http://honma-asako.com/goods/

※本ページで紹介する商品は、
生産中止などで変更となる
場合もございます。
また、予告なくページの公開が
終了となる場合もございます。
ご了承ください。

本書は祥伝社黄金文庫のために書き下ろされた。

祥伝社黄金文庫

幸《しあわ》せを呼《よ》ぶ
家事《かじ》「時短《じたん》」の楽《たの》しい小《こ》ワザ88
平成26年 3 月20日　初版第1刷発行

著　者　本間朝子《ほんまあさこ》
発行者　竹内和芳
発行所　祥伝社《しょうでんしゃ》
〒101－8701
東京都千代田区神田神保町3－3
電話　03（3265）2084（編集部）
電話　03（3265）2081（販売部）
電話　03（3265）3622（業務部）
http://www.shodensha.co.jp/

印刷所　堀内印刷

製本所　ナショナル製本

　ISBN978-4-396-31632-7 C0195